François Combes

Essai sur les idées politiques de Montaigne et La Boëtie

essai

ISBN : 978-1535266529

10 9 8 7 6 5 4 3 2 1

François Combes

Essai sur les idées politiques de Montaigne et La Boëtie

essai

Table de Matières

UN MOT DE PRÉFACE

Longtemps on a négligé le *Contr'un* de La Boétie. On le redoutait, ou on le dédaignait, car ce n'est qu'une brochure, mais si nourrie et si pleine qu'elle vaut un livre. Il appartenait à nos temps de seconde renaissance et d'investigations moins isolées, de revenir à ces grands penseurs du XVIᵉ siècle et d'en présenter les écrits à la jeunesse des Écoles, de mieux voir ainsi les évolutions de l'esprit français à travers les siècles, et de chercher dans le passé le premier cri, si je puis dire, des institutions modernes. On ne pouvait omettre, dans ce tableau, le célèbre périgourdin La Boétie, qui aura un jour sa statue dans Sarlat, sa ville natale. Je donne sur lui une étude politique complète. On ne peut faire que de la politique avec La Boétie ; mais je n'oublie pas le style du *Contr'un*. Les belles pensées ne sont rien sans la forme. Je n'oublie pas le grand mérite littéraire de ce chef-d'œuvre de la prose française il y a trois cents ans, ni les efforts universels dès cette époque pour le perfectionnement de notre langue : chacun apportait sa pierre à l'édifice ; chacun avait son système et son idée. J'ai aussi examiné de près l'âge de La Boétie dans le *Contr'un*. Notre savant et ingénieux philologue M. Dezeimeris, membre correspondant de l'Institut, en avait dit un mot, bien avant moi, et, je l'avoue, à mon insu. J'ai développé ses prévisions toujours sûres, en m'appuyant des allusions, des noms propres, des citations du *Contr'un*, et faisant servir La Boétie à ma chronologie et à mon œuvre. C'est un petit point, mais je l'ai mis, je crois, hors de doute.

La Boétie me menait droit à Montaigne. Il était curieux de voir comment deux amis pouvaient penser différemment en s'aimant si étroitement. Dans les révolutions, la conformité d'idées fait souvent l'amitié et la rend plus durable. J'ai suivi jusqu'au bout cette situation psychologique, et j'ai trouvé que sous des formes d'état diverses et avec un caractère opposé, nos deux chercheurs, l'un austère, l'autre plus doux, se donnaient la main pour une même chose, une sage et honnête liberté.

François Combes

ESSAI SUR LES IDÉES POLITIQUES DE MONTAIGNE ET LA BOËTIE

S'il fut un siècle pareil au nôtre pour les agitations civiles et le mouvement des esprits, c'est assurément le XVIe siècle, le siècle des révolutions religieuses et du libre-examen, de la Réforme et de la Ligue. La Société était tiraillée en tout sens ; les gouvernements étaient contestés ; des formes nouvelles étaient opposées aux formes anciennes et consacrées ; l'idée religieuse officielle était attaquée dans l'Église, dans l'État ; la démocratie catholique, excitée par une maison puissante et par un clergé tremblant, entrait violemment les affaires, tenait Paris par les Seize, et s'y dressait en formidable commune. Le but des ligueurs était précis : ils défendaient la vieille foi, sinon la vieille monarchie ; ils la défendaient par l'épée, et le désordre était immense. Les revendications populaires se glissaient sous les transports religieux. On massacrait les nobles et les bourgeois, les magistrats et les rois mêmes, après avoir tué les protestants ; on soutenait contre l'armée légale, qui était celle de Henri IV, le siège le plus affreux, toutes les horreurs de la peste et de la famine, plutôt que de se rendre. Et néanmoins on voyait aussi, comme en nos temps, des savants nombreux, des écrivains distingués, des publicistes ardents, parfois de doctes amis, comme étaient Cicéron et Atticus dans l'antiquité au milieu des longs troubles romains.

Tel était le XVIe siècle, et nous sommes peut-être mieux placés pour le juger. En histoire, la distance est un bien, on voit mieux de loin que de près ; et c'est par les siècles agités que doivent être appréciés les siècles de discordes. On les méprise moins, on les excuse plus ; un retour sur soi n'est pas de trop, et l'indulgence conduit à la justice. Voilà pourquoi je voudrais étudier, sous le rapport de leurs idées politiques, deux de ces savants, deux de ces amis du XVIe siècle, La Boëtie et Montaigne, déjà maniés et retournés, si je puis dire, au point de vue de la philosophie et de la langue, par des écrivains illustres, éloquents, plus dignes d'attention et de mémoire. Mon séjour à Bordeaux, dans cette ville où vécurent les deux amis et où leurs descendants se trouvent, aidera à mes appréciations, autant que la similitude des temps. Dans les contrées qu'on habite, on pense vite aux grands hommes qu'elles ont produits. Il n'est pas long d'ailleurs l'ouvrage de l'un d'eux, le *Contr'un* de La Boëtie, ou *Discours de la servitude volontaire* : l'étendue est dans les idées, non dans les mots : c'est une brochure ; et bien des gens qui en eurent connaissance sous Charles IX, ou quand il parut sous Henri III, y virent un pamphlet. Montaigne lui-même, qui voulait l'insérer dans son chapitre de l'Amitié, en fut effrayé et ne l'inséra point. Il en fut effrayé, dis-je, sans cesser de l'estimer, comme il estimait bien d'autres œuvres de ce genre : car tout n'est pas à dédaigner dans cette multitude d'écrits que voient éclore les révolutions, et les pamphlets servent à la langue ; ils lui donnent plus de vivacité et d'esprit, plus de finesse et de trait ; ils l'aiguisent ; elle a par eux plus de verve railleuse et les plus piquants à-propos. Le style y est agité comme la passion qui l'inspire ; mais il y a quelque chose d'impétueux et d'altier, qu'offrent moins les époques tranquilles, où la majesté remplace la force, où l'allure légère succède à l'âpre causticité. On le vit bien au XVIIᵉ siècle, dans les mémoires de la Fronde, qui rappelaient tant de pamphlets, surtout dans les mémoires de Betz, pamphlets eux-mêmes si souvent, et d'une originalité si fière qu'on les dirait écrits sur le bronze avec la pointe d'un acier. Le caractère de l'homme est pour beaucoup dans le style, le temps aussi. La vivacité du pamphlet ne reparut que dans les controverses religieuses, dans l'éloquence de la chaire, qui est une éloquence de combat. Saint-Simon, plus tard, n'eut la manière du cardinal de Retz que parce qu'il avait vu les derniers héros de la Fronde et qu'il avait aussi leur humeur. Et que ne dirait-on pas si l'on poussait jusqu'à Paul-Louis Courier, jusqu'à ce style si net, si mordant et si classique tout ensemble ?

De même, sans les agitations du XVIᵉ siècle, on n'aurait jamais eu ni Montluc, aussi cassant dans son style que dans sa vie ; ni Tavannes, si nerveux, quoique sentencieux et un peu pédant. Mais qui n'était pas un peu pédant à l'époque de la Renaissance ? — On n'aurait pas eu d'Aubigné, si savant et si fin, et dont un jeune érudit de l'ancienne bibliothèque du Louvre, M. de Caussade, a trouvé à Genève un grand nombre de lettres inédites ; ni les auteurs de la satire Ménippée, qui manient si bien l'ironie ; ni peut-être Henri IV écrivain, et ses lettres qui ont toutes les qualités : piquantes et vives, quand il juge ses ennemis ; aimables, tendres et toujours spirituelles, quand il parle à ses maîtresses ou à ses amis… On n'aurait

François Combes

pas non plus le *Contr'un* de La Boëtie, ce monument de la prose française au XVIᵉ siècle, qu'ont loué tour à tour Villemain, Charles Nodier, Barthélemy Saint-Hilaire, Géruzez, Prévost-Paradol, D. Nisard. Ch. Nodier le trouve « étonnant et singulier, ferme, éloquent, comme nous paraîtrait, dit-il, la prose de Marcus Brutus et de Caton d'Utique, si nous avions leurs discours. » Prevost-Paradol, applaudissant au but politique du *Contr'un*, dans son Introduction à la belle édition de Montaigne par Victor Leclerc, « admire ce chef-d'œuvre d'une âme stoïque et d'un mâle génie ; » et Villemain enfin ajoute magnifiquement, dans son discours d'ouverture de 1822, « que le *Contr'un* ressemble à un manuscrit antique, trouvé dans les ruines de Rome, sous la statue brisée du plus jeune des Gracques. »

I. — LA BOËTIE

(Origines du Contr'un *; âge et poésies de La Boëtie)*

Tout est romain, en effet, dans La Boëtie, dans ce jeune magistrat du Parlement de Bordeaux, magistrat à vingt-deux ans ; tout, le style, les idées ; et rien d'étonnant que les protestants, alors fort mécontents des rois de France, aussi bien que des rois d'Espagne, aient imprimé son discours, en 1576 et en 1578, comme une arme de guerre contre une royauté intolérante, en l'appelant le et le baptisant eux-mêmes de ce nom provocateur. Il faisait partie du fameux recueil en trois volumes, intitulé les *Mémoires de l'État de France sous le règne de Charles IX* ; et que de choses dans ce recueil !... *Les Massacres de ceux de la religion*, à Rouen, à Vassy, à Paris et en d'autres lieux ; *la Gaule française*, de François Hotman, contre la monarchie héréditaire ; *les Jugements de Dieu contre les tyrans*, par le même ; le *Traité du droit des magistrats sur les sujets ;les Apophthegmes* et discours de divers auteurs contre la tyrannie ; *le Politique*, ou dialogue traitant des devoirs des princes et de leur autorité ; *le Traité des puissances, établies de Dieu en ce monde, et de ce qui fait leur légitimité* ; *le Discours merveilleux de la vie, actions et déportements de Catherine de Médicis, reine de France*, etc... On y trouvait tout cela. On ne pouvait oublier cette grande Italienne, grande et terrible tout ensemble, qui devait vivre encore dix ans, et dont les catholiques, autant que les huguenots, maudissaient la duplicité, la politique d'équilibre, l'éternelle domination, mais qui, sous trois règnes consécutifs, maintint, contre les Guises puissants, la transmission régulière du trône ; c'était là sa grandeur.

Le *Contr'un* était parmi les pamphlets contre les tyrans ; « et en effet, dit Montaigne, c'était un beau discours contre la tyrannie, à l'honneur de la liberté. » Il y avait bien un peu plus que cela, puisque Montaigne n'osa pas le mettre dans ses *Essais*, au chapitre de l'Amitié, et qu'il se contenta de nous donner quelques sonnets de La Boëtie, des vers inoffensifs, à la place d'une prose brûlante. Les protestants ne s'y étaient pas trompés. Tout ce qui nous occupe aujourd'hui et trop souvent nous divise, questions sociales et questions politiques, philosophie et religion, s'agitait au siècle de la Renaissance, au siècle du réveil des anciens, et l'idée antique, l'idée républicaine revenait. Calvin avait touché à ces questions dans son livre de l'*Institution Chrétienne* ; et certainement le calvinisme, avec l'élection pour base de tout, avec le libre arbitre comme source unique du pouvoir et de la foi, conduisait à la république et non à la monarchie. C'étaient de grands révolutionnaires que ces réformateurs du XVIᵉ siècle, tout dévots qu'ils étaient. Les temps actuels leur appartiennent. « En ce *révolutionnaire*, dit Louis Blanc parlant de Luther, dans son Introduction à l'histoire de la Révolution française, *le moine resta.* » Il recula d'horreur, ajoute-t-il, à la vue des « anabaptistes, à la vue de *la fosse immense qu'il creusait.* Mais il avait beau faire : *tout réformateur religieux amène nécessairement un réformateur politique.* »

C'est bien ce que disait Bossuet, lorsque appréciant la révolution anglaise, dans l'oraison funèbre d'Henriette de France, reine d'Angleterre, il s'écriait : « Oui, Messieurs, toute secte forme un parti dans l'État… » Mais qui s'inquiétait alors du XVIᵉ siècle, au milieu des splendeurs tranquilles du XVIIᵉ ? Qui prévoyait la Révolution française ? C'est la République pourtant qui était sortie du calvinisme, dans les Provinces-Unies des Pays-Bas, dans la ville de Genève, et un peu plus tard en Angleterre avec les puritains et Cromwell ; c'est la République que Calvin défendait à Genève contre les ducs de Savoie, aïeux des rois d'Italie. Calvin, Hotman, Bodin, Montaigne, Rabelais enfin dans *Gargantua* et *Pantagruel*, publicistes catholiques, publicistes huguenots, publicistes neutres

François Combes

ou humoristiques comme Rabelais et un peu Montaigne, étudiaient ces questions importantes de république et de monarchie. Tout était bouleversé au XVIᵉ siècle, l'Église, l'État, la société, et tout semblait remis en question. Il n'était pas possible que le libre-examen s'enfermât dans la religion, comme dans un cercle de Popilius. La religion servait de route à la politique. On n'osait pas s'attaquer aux rois qui avaient la force ; on s'attaquait aux prêtres, aux évêques, aux papes, dont les rois riaient parfois les premiers ; mais le pape conduisait au roi, au peuple, à la société ; et naturellement, plus on était persécuté, plus on niait les pouvoirs des persécuteurs. Si on ne le faisait pas ouvertement en France et en Espagne, on le faisait à Middelbourg en Hollande : c'est là que paraissait la brochure à laquelle Montaigne craignait de donner trop de vogue en l'imprimant dans ses *Essais* ; c'était le *Contrat social*, ou quelque chose qui y ressemblait. Le XVIᵉ siècle préludait au XVIIIᵉ, le chrétien La Boëtie au philosophe Jean-Jacques.

La Boëtie, en premier lieu, établissait la liberté naturelle et semblait ne vouloir parler que de cette liberté en n'ouvrant qu'un demi-jour sur ses désirs et ses préférences. Je vais citer textuellement, et sans y changer un mot, cette prose française du XVIᵉ siècle, qui déjà, dans La Boëtie, ressemble à celle de Descartes, à celle du fameux *Discours de la Méthode*, et qui tendait à faire une révolution dans la politique, comme le cartésianisme en fit une dans la philosophie. Le point de départ était le même chez les deux écrivains : la liberté. Chacun d'eux, dans le domaine purement intellectuel, la voulait sans entraves et lui cherchait le meilleur champ pour se développer ; chacun d'eux faisant la distinction de la science et de la foi, sécularisait la raison et ne voulait d'autre juge qu'elle-même.

« Malheur extrême, » dit La Boëtie (*je le débarrasse de la vieille orthographe, comme on en débarrasse Descartes et sa prose y gagne*), « malheur extrême d'être sujet à un maître, duquel on ne peut être assuré qu'il soit bon, puisqu'il est en sa puissance d'être mauvais quand il le voudra… ! Voici les préceptes de la nature et les droits qu'elle nous a donnés : Être obéissant à nos parents, *sujets à la raison*, qui fleurit peu à peu en vertu, et n'être serfs de personne… La nature nous a tous faits de même forme, et dans un même moule, pour être tous compagnons et frères… Elle n'a mis en nous aucune servitude, nous ayant tous mis en compagnie. Nous sommes donc nés libres, et avec affection de défendre cette franchise. Les bêtes mêmes, si les hommes ne font pas trop les sourds, leur crient : « Vive liberté !… » La liberté, on devrait la racheter au prix, de son sang ; car, ce bien perdu tous les gens d'honneur doivent estimer la vie déplaisante et la mort salutaire… Se remettre en son droit naturel, c'est proprement de bête revenir à homme. »

Puis il décrit les avantages de la liberté au point de vue de la défense du pays. « Les gens sujets, dit-il, n'ont pas d'allégresse au combat. Ils vont au danger, comme attachés à un joug et par manière d'acquit… Si 50,000 hommes libres sont en présence de 50,000 autres qui veulent leur ôter leur liberté, à qui prédirez-vous le succès ? qui se battra avec plus de courage ? Pensez à Miltiade, à Thémistocle, à Léonidas. Leurs exemples étaient pour la Grèce et pour le monde. En leurs jours, ce n'était pas tant la bataille des Grecs contre les Perses, mais la victoire de la liberté sur la domination et de la franchise sur la convoitise. »

Voilà l'éloquence de La Boëtie : voilà comment il agrandit les luttes de la Grèce contre l'invasion persane. La Boëtie est un esprit vaste et sublime, dévoré par la pensée comme Pascal ; usé vite comme lui, à trente-trois ans, et écrivant aussi ses réflexions dans sa jeunesse. Il savait quel est le rôle des peuples civilisateurs parmi les peuples de la terre ; et peut-être après les Grecs et les Romains, pensait-il à nous-mêmes : car, à l'exemple de Ronsard qu'il admirait, il s'attachait à donner à notre langue, comme instrument de civilisation, la perfection des langues anciennes, de manière qu'on pût dire — c'est son expression — *que la grecque et la latine n'avaient sur nous que le droit d'aînesse.* Soin touchant, que l'on prenait déjà de notre belle langue française, et pressentiment de son rôle et de son universalité ! Rien d'étroit, d'égoïste, de purement personnel chez les peuples qui ont le dépôt de la civilisation. Leur privilège devient leur responsabilité. Ils sont le flambeau du monde ; ils en doivent être le bouclier. Leur valeur doit être égale à leur sagesse ; ils ne travaillent pas pour eux seuls, ils travaillent pour l'humanité.

« Aimeriez-vous mieux, » continue La Boëtie, « aimeriez-vous mieux, quittant l'assemblée des hommes libres, passer chez les Turcs, où une multitude d'hommes ne songe qu'à servir un homme, à mourir pour le maintenir ; au point que, sortant d'une cité d'hommes, on semble entré dans un parc de bêtes ? »

François Combes

Il est sévère, La Boëtie. Bien des gens croyaient mourir pour la patrie, en mourant pour le roi ; c'étaient les temps : ils ne croyaient pas être des esclaves, mais des hommes libres et d'honneur. La Boëtie le savait mieux que nous. Que veut-il dire, en donnant un tour si rude à sa pensée ? Une chose vraie ; que la dignité de l'homme consiste dans la raison qui veut le bien, et dans la liberté qui ne connaît que la loi. « Rappelez-vous, ajoute-t-il, ce que les deux Spartiates, envoyés au roi de Perse pour lui donner satisfaction du meurtre de ses ambassadeurs, répondirent à un satrape persan : « Aimez le roi de Perse, leur disait le satrape, et restez avec nous. Vous aurez des châteaux et vous serez seigneurs. » Mais eux de répondre : « Si vous aviez goûté de la liberté comme nous, vous nous conseilleriez de la défendre, non seulement avec la lance et l'écu, *mais avec les dents et les ongles.* »

Si ce tableau de la liberté est séduisant dans le *Contr'un*, on pense bien que celui de la tyrannie n'a pas les mêmes charmes. La Boëtie ne veut pas qu'on se bride, qu'on se donne un maître, quel qu'il soit. Il maudit les Juifs, par exemple, qui, sans y être contraints et malgré les avis des prêtres, se donnèrent un roi dans la personne de Saül, à qui succédèrent David, Salomon, etc... « tous tyrans, » ose-t-il dire ; et il se réjouit de tous les maux qui, à partir de ce moment, accablèrent le pays. « Tant pis pour les Juifs, dit La Boëtie ; ils l'avaient bien voulu. On n'a rien à soi sous les tyrans, ni biens, ni maisons, ni femme, ni enfants. Tout sert au plaisir d'un homme, *qui se mignarde dans ses délices.* » Il répète avec satisfaction ce que le grand-prêtre Samuel disait aux Juifs, pour les engager à rester sous le gouvernement républicain des Juges, et il renchérit sur ses expressions. « Les tyrans, ajoute-t-il, poussent les peuples au vice et à la lâcheté ; ils ne songent qu'à les *abêtir et à les avachir,* » qu'à les rendre imbéciles et mous ; ils spéculent sur la corruption et l'ignorance ; ils n'ont que des mercenaires pour les garder. « Lisez, dit-il, l'ouvrage de Xénophon sur Hiéron le Tyran, Βασιλεὺς ἢ τύραννος : vous verrez comme il les peint. » Car le discours de La Boëtie est rempli de citations de Xénophon, d'Aristote, de Cicéron, de Sénèque, de Lucain, de Virgile, d'Homère, etc., et suppose des recherches infinies. Le début n'est autre chose que deux vers d'Homère, traduits par La Boëtie :

« D'avoir plusieurs seigneurs aucun bien je ne vois,

Qu'un, sans plus, soit le maître et qu'un seul soit le roi ! »

« Ulysse, qui parle ainsi, dit La Boëtie, voulait apaiser une révolte des troupes, et il se conformait au temps plus qu'à la vérité. Il aurait dû dire que si un seul maître ne vaut rien, à plus forte raison plusieurs. » La Boëtie continue, et il se charge de nous dire qu'en effet ils ne valent rien. « Les mieux traités par les tyrans n'en peuvent attendre que d'être serfs ou esclaves. Il ne faut pas s'approcher de l'antre obscur où logent ces lions, mais penser plutôt à ce que dit le renard de la fable : « il voyait bien des traces d'aller, il n'en voyait pas de revenir ; » les visiteurs n'en revenaient point. La tyrannie est comme le feu, trouvé par le sage Prométhée ; un satyre indiscret le trouva si beau qu'il voulut le baiser, et se brûla. »

La Boëtie se sert de tout, de l'histoire, de la fable, de la mythologie, pour soutenir sa thèse, et il s'en sert de la manière la plus ingénieuse. Il poursuit les tyrans jusque dans leur galanterie... Qui croirait qu'un esprit comme lui, stoïque, républicain, taillé sur un patron antique — c'est l'expression de Montaigne — *aurait préféré Venise à Sarlat où il était né*, c'est-à-dire, une République à la France, qui croirait qu'un tel homme fût galant ? Il l'était pourtant et beaucoup. Il chanta les dames et l'amour ; il ne fit pas que des poésies latines, il fit des poésies françaises, des sonnets nombreux, que Montaigne nous a conservés, des stances très belles, à l'imitation de Pétrarque, de Baïf, de Ronsard.

Il n'aima pas moins une jolie Bordelaise, Marguerite de Carie, qui devint sa femme, et pour laquelle il traduisit en vers un morceau du Roland furieux de l'Arioste, les plaintes de Bradamante demandant Roger. La Boëtie était de noble maison, d'une famille *à la vieille marque*, — autre expression de Montaigne. — On ne voyait dans sa société que des nobles et des gentilshommes, les Montaigu, les d'Escars, les La Chassaigne, dont Montaigne avait tiré sa femme, les Bouilhonas, les d'Arsat, les Beauregard, les de Belot ; il les recevait tantôt à Sarlat chez lui, tantôt à la campagne de Germignan, dans le Médoc, qu'il tenait de sa femme.

Tout le portait à la politesse exquise, aux belles manières et à la galanterie, son éducation, sa naissance, sa société, sans compter les temps où il avait vécu, qui étaient ceux de Henri II, de Diane de Poitiers, de Marie Stuart, de l'Arioste et du Tasse, c'est-à-dire des

François Combes

grands poètes et des belles dames, des reines aimables et des rois chevaliers. « Il était un peu laid, dit Montaigne, mais ce n'était qu'à la surface : son maintien corrigeait tout, » joint à l'intelligence qui brillait dans son regard. « Ah ! dit notre philosophe galant, ne cherchez pas la galanterie chez les tyrans. Ils sont durs et cruels, même pour leurs proches. Voyez Néron et. Claude : voyez Caligula, qui était jeune pourtant. Voyant la gorge de sa femme découverte, il n'eut rien de plus gracieux à lui dire que ces douces paroles dont il la caressa : « Ce beau cou sera tantôt coupé si je le commande. » Les tyrans ne sont pas aimés, et ils n'aiment personne. Ce n'est pas pour eux que l'amitié est faite.

Et ici La Boëtie nous fait un magnifique portrait de l'amitié, un portrait comparable à tout ce que Montaigne a pu en dire dans ses *Essais*, dans ce beau chapitre de l'Amitié, auquel il voulait joindre le *Discours de la servitude*, en mémoire d'un ami : car c'est la connaissance fortuite de ce discours qui commença la sympathie de Montaigne pour La Boëtie et fit naître leur union célèbre. « L'amitié, dit La Boëtie dans un très beau et très correct langage, c'est un nom sacré, c'est une chose sainte. Elle ne se met jamais qu'entre gens de bien, et ne se prend que par une mutuelle estime. Elle s'entretient, non pas tant par un bienfait que par la bonne vie. Ce qui rend un ami assuré de l'autre, c'est la connaissance qu'il a de son intégrité. Les répondants qu'il en a, c'est son bon naturel, la foi et la constance. Il n'y peut avoir d'amitié là où est la cruauté, là où est la déloyauté, là où est l'injustice. Entre les méchants, quand ils s'assemblent, c'est un complot, non pas une compagnie ; ils ne s'entretiennent pas, ils s'entre-craignent… Ils ne sont pas amis, ils sont complices. » Il était impossible de trouver un mot plus juste que celui-ci : *ils s'entre-craignent*, ni de mieux interpréter Salluste, Sénèque, Cicéron ; Salluste surtout, qui dit dans la vie de Jugurtha : « *Hœc inter bonos amicitia, inter malos factio est*, les méchants ne sont pas amis, ils sont complices… »

Savants précoces de la Renaissance.

Ces savants de la Renaissance étaient tous bourrés de latin, et ils n'en écrivaient pas moins bien en français ; ils écrivaient même mieux. « On apprend à écrire en français, disait Arnauld, en lisant Cicéron, » parce que pour le tour, l'allure, l'étymologie, le mouvement du style, l'habile position des mots, notre langue est calquée sur le latin, dont elle est la fille : c'est à tel point que nos plus grands écrivains du XVIIᵉ siècle, avec leur phrase arrondie et correcte, semblent traduire merveilleusement du latin, et sont aussi les plus faciles à tourner dans la langue latine. Montaigne, La Boëtie, Ét. Pasquier, Henri Étienne, d'Ossat, Michel de l'Hôpital, Scévole de Sainte-Marthe, Pierre Pithou, avaient un tour plus gaulois ; mais ils savaient les anciens par cœur. À huit ans, Montaigne traduisait Virgile, et il nous apprend lui-même, dans ses *Essais*, comment il avait pu devenir grand *latineur* de si bonne heure. Il n'aimait pas les méthodes de son temps, et il recommandait comme nous les langues vivantes. Mais son père, homme instruit et tenant beaucoup à l'instruction, homme riche aussi — ce qui rend bien des choses faciles — lui avait donné des précepteurs *latins*, deux bons gros Allemands ; car on allait chercher des latins, des grecs même en Germanie… Qu'en eût dit l'empereur Auguste ? — Ces bons Allemands parlaient latin au jeune Montaigne du matin au soir, et ils étaient flanqués de deux acolytes ne lui parlant aussi que latin, avec quelque mélange d'allemand, j'imagine, puisqu'il recommande les langues vivantes. C'était l'enseignement du latin, à l'instar des mères comme disait l'abbé Mangin sous la Restauration, en demandant des maisons d'éducation de ce genre. On ne procède pas autrement, dans certaines familles, pour l'allemand, l'anglais, et l'on faisait de même au XVIᵉ siècle pour l'italien, qui était la langue à la mode depuis nos guerres d'Italie et nos reines italiennes.

Ainsi formés dans leur enfance et connaissant la langue latine usuelle, Montaigne, La Boëtie passaient au fameux collège de Bordeaux ou de Guyenne, le plus florissant de France à cette époque, où professaient des hommes éminents : Nicolas Grouchy, auteur d'un livre sur les *Comices* chez les Romains ; Guillaume Guérente, commentateur d'Aristote ; Marc-Antoine Muret, « que la France et l'Italie, dit Montaigne — l'Italie était nécessaire alors pour la consécration de toutes les gloires littéraires — reconnaissaient pour le meilleur orateur du temps ; » surtout Georges Buchanan, grand poète écossais, précepteur du fils d'un roi d'Écosse, puis du fils du maréchal Brissac, et qui avait professé à Paris, au fameux collège Sainte-Barbe. Les collèges, les universités, appartenaient aux villes. L'émulation s'en mêlait d'une ville à l'autre. C'était à qui aurait le local le plus beau, les professeurs les plus illustres ; elles faisaient assaut de magnificence. Les grandes collections de livres, de gravures, d'éditions rares, d'objets d'art, d'anatomie et d'histoire naturelle, souvent plus considérables que celles que l'État peut fournir, se centralisaient dans les Universités, comme à Oxford ou à Iéna, et servaient à la science. Dégrèvement pour l'État, utilité pratique pour les villes.

C'est à l'école des anciens, tous citoyens de quelque république, d'Athènes, de Thèbes, de Syracuse ou de Rome, et dont les ouvrages étaient si bien expliqués dans ces Universités, que La Boëtie avait puisé sa haine contre les tyrans et ses idées républicaines. Tyrans électifs, tyrans d'usurpation ou de coups d'État, tyrans héréditaires, trois catégories imaginées par La Boëtie, sont par lui également couverts d'opprobre. Il semble dire que tout ce qui est roi est tyran, dans l'acception antique du mot, Βασιλευς η τυραννος... Et voyez comme il est rigide... ! c'est bien pis que Platon. Les théâtres, les jeux, les spectacles, les collections d'animaux étrangers, les tableaux même « et autres telles drogueries, dit-il, sont les appâts de la servitude pour tous les peuples, sont le prix de leur liberté et comme les outils de la tyrannie. » Jamais plus de stoïcisme ; c'est le puritain le plus austère. Les calvinistes les plus rudes n'en approchaient point. Il déshabille les tyrans, il les met à nu, il les dépouille de tout le prestige qui les environne. « Les tyrans se servent de tout, dit-il encore, des contes, des fables, des miracles pour assortir les peuples. La religion est leur garde-corps, et par tels moyens, tels plaisirs, ils sucrent la servitude. »

On croirait entendre les plus farouches organes du radicalisme contemporain... La Boëtie poursuit, en prenant ses exemples dans Plutarque ; il sait son Plutarque par cœur. « Le gros doigt du pied de Pyrrhus, dit-il, guérissait de la rate... Vespasien, revenant d'Assyrie, redressait les boiteux et rendait la vue aux aveugles... Voilà ce que font les tyrans... Et les nôtres, ajoute-t-il ?... »

On s'effraye, je l'avoue, à ce mot, parce qu'on y pense, parce qu'on le craint. « Et les nôtres... ? » Jusque-là, il n'a parlé que des tyrans, et voilà qu'il y mêle les rois de France, comme il y mêle Cyrus, Cyrus le libérateur des Juifs ; mais La Boëtie en veut beaucoup à ce grand roi. « Cyrus, dit-il, multiplia à l'infini, chez les Lydiens vaincus, les jeux, les spectacles, les divertissements ; à tel point que le nom de Lydiens, *Ludi*, est synonyme de jeux. » Eh bien ?... c'est peut-être alors que les Lydiens devinrent les fournisseurs de joujoux du monde entier, comme Nuremberg et Saint-Claude aujourd'hui. Le beau crime ! La Boëtie ne le pardonne pas à Cyrus. Cyrus a les procédés des tyrans, donc c'est un tyran ; et La Boëtie courroucé ne se gêne pas pour dire : « Et les nôtres, que n'ont-ils pas inventé ? L'ampoule, l'oriflamme... que sais-je ? » Il s'arrête tout à coup, il est vrai ; il se reprend, il se hâte d'ajouter, « qu'il ne veut pas encore mécroire, puisque nous et nos ancêtres, dit-il, nous n'avons eu au-cune occasion de l'avoir mécru, et que d'ailleurs il faut laisser cela pour notre poésie française, faite toute à neuf par notre Ronsard, notre Baïf, notre du Bellay... » Mais le mot a été lâché et il ne se peut retirer. Il reste acquis, ce semble, qu'aux yeux de La Boëtie nos rois ne faisaient pas mieux que Pyrrhus, que Vespasien, que tous les tyrans ; pas mieux que Jules César même, « qui porta, dit La Boëtie, le Sénat à cinq cents membres, établit de nouvelles charges et élections d'offices, non pas certes, à bien prendre, pour réforma-tion de justice, mais pour soutiens de la tyrannie. » Allusion mani-feste à la création de nouvelles charges de judicature au parlement de Paris, dans ce vrai sénat de la France, par François I er, par Henri II, en vue de les vendre et de faire de l'argent. C'était l'idée de la magistrature d'assimiler le parlement de Paris au sénat romain ; les états-généraux, ou assemblées du peuple, étaient laissés à la dispo-sition de la royauté, qui les convoquait quand bon lui semblait. Le parlement était toujours là, représentant la monarchie tempérée, le contrôle public de la puissance souveraine : la liberté devenait inamovible comme la justice...

Ainsi les rois de France ne faisaient pas mieux que les autres ; c'est l'opinion de La Boëtie, elle ressort de nos citations et de ses paroles. « Les tyrans aiment à se mettre la religion devant, comme garde-corps, dit-il, » et nos rois ont fait de même : telle est sa conclusion franche et brutale.

L'âge de la Boëtie dans le Contr'un.

François Combes

On a dit qu'il était irrité, quand il fit ce discours ; qu'il avait été blessé dans son amour-propre par des ministres, par des rois. D'Aubigné, qui vivait en ce temps, l'affirme dans son *Histoire universelle*. Montaigne, ami intime de La Boëtie, nous dit que ce discours fut tout simplement un exercice de sa jeunesse, plus que cela, de son enfance, ajoute-t-il, et qu'il le composa à l'âge de dix-huit ans, de seize ans même, à un âge où l'on ne peut être blessé ni par les ministres ni par les rois. « Laissons parler, dit Montaigne, ce garçon de seize ans. » Chose bien incroyable pourtant, quelque précoce que fût son génie ! Une telle production suppose plus d'âge, surtout quand on songe à la masse d'observations, d'anecdotes, d'idées qui s'y trouve, et que La Boëtie dut chercher dans une foule d'auteurs se rapportant à son dessein.

Ces recherches, ces combinaisons, ce travail demandent plus de maturité et d'expérience. À ce sujet je ferai remarquer une chose toute physiologique et qui nous aidera à marquer l'âge de l'écrivain : ce n'est pas à l'âge de seize ans et pas toujours à l'âge de dix-huit, que l'on a *une dame de ses pensées*, comme Ronsard avait la belle Cassandre, la belle fille de Blois ; ce n'est pas à l'âge de dix-huit ans qu'on parle d'autrefois, du temps passé de sa vie : il n'y a point de passé, quand la vie commence. Ce n'est pas à dix-huit ans qu'on rappelle à un honorable ami, M. de Longa,[1] les vers qu'on lui adressait *autrefois, alors qu'on s'occupait de rimes françaises*.

Ce sont pourtant les expressions de La Boëtie. Entendons le *Contr'un*, ou le *Discours de la servitude* :

« Même les bœufs sous le poids du joug geignent (gémissent), Et les oiseaux dans la cage se plaignent. »

« Comme j'ai dit ailleurs *autrefois*, ô Longa, passant le temps à nos rimes françaises : car, écrivant à toi, je puis citer de mes vers, desquels je ne lis jamais, que tu ne m'en fasses glorieux, à cause du semblant que tu fais de t'en contenter. »

Qu'était donc ce *Discours de la servitude* ? C'était la prose succédant à la poésie, l'automne à l'été, l'amitié à l'amour ; on n'était plus au temps où l'on s'inspirait d'une dame dont Montaigne parle à la belle *Corisande* de Henri IV, àM^me de Gramont, comme ayant inspiré son ami, et dont il promet de lui dire le nom *à l'oreille*, en lui

[1]   Il y a encore des membres de cette famille.

dédiant les poésies françaises de La Boëtie. Pour sûr, ce n'était pas la belle Corisande, qui n'avait que dix ans à la mort de La Boëtie.

Il y a plus, et je me permettrai une autre observation que les critiques n'ont point faite : ce beau portrait de l'amitié que La Boëtie nous a tracé, ne se comprend guère quand on ne fait qu'entrer dans la vie. Il se comprend, quand on est fatigué, quand on a vécu, quand on a eu des déceptions et des mécomptes. Alors on désire un ami, on veut se reposer sur le sein d'un ami. À dix-huit ans, c'est l'amour qu'on cherche, surtout si l'on a, comme La Boëtie, une âme passionnée et ardente.

« Je n'ai point, » dit-il lui-même en parlant de Pétrarque, et nous donnant de fort jolis vers,

« Je n'ai point....................................
Du Florentin transi les regrets langoureux

....
Chacun sent son tourment, et sait ce qu'il endure.
Celui-là aime peu qui aime à la mesure...

....
Mon cœur chez toi, ô ma dame, est logé.
Là donne-lui quelque gêne nouvelle ;
Fais-lui souffrir quelque peine cruelle ;
Fais, fais-lui tout, hors lui donner congé. »

Voilà ce qu'on écrit à dix-huit ans, à vingt ans, et ce qu'écrivait La Boëtie à cet âge, et même plus tard. Il suivait la mode aussi. Pas un poète, pas un homme de lettres, depuis Pétrarque, qui n'eût un amour contemplatif, une muse pour l'inspirer, une dame pour le charmer. Les troubadours étaient passés, et la chevalerie n'était plus ; mais les traditions restaient, ardentes comme l'imagination, séduisantes comme la jeunesse, indestructibles comme la nature humaine d'où elles découlaient. La Boëtie ne différait pas de ses semblables ; il payait son tribut. À un autre âge il chercha d'autres plaisirs, et il écrivit en prose. Il ne faut pas se laisser éblouir par le flatteur témoignage de Montaigne, qui cherche à faire briller son ami. On aimait les tours de force à cette époque ; on n'était rien, si l'on n'avait expliqué Virgile à huit ans, si l'on n'avait pas traduit Homère à dix. Tous les érudits de ce temps, Anne Dubourg, Michel de l'Hôpital, Étienne Pasquier, Scévole de Sainte-Marthe,

Montaigne enfin et La Boëtie avaient donné de leur génie ce spéci-
men précoce ; tous avaient été dans leur enfance des phénomènes,
de petits prodiges. Ainsi la France n'avait rien à envier à l'Italie, et
les Pic de la Mirandole naissaient aussi sur notre sol.

L'amour-propre avait de quoi être satisfait : mais la critique est
moins complaisante que l'amour-propre ; et d'ailleurs les restric-
tions que l'on trouve dans le discours de La Boëtie, les atténuations
d'expression et de pensée que nous avons surprises à propos de la
sainte Ampoule et de l'Oriflamme, et dont il usera pareillement,
quand il parlera de la garde suisse et de la garde écossaise, tous
ces amendements à une pensée première indiquent plus de prudence qu'on n'en a à dix-huit ans. Ils indiquent du moins qu'on
a revu, qu'on a retouché son œuvre, que le premier jet peut ap-
partenir à cet âge, que la composition définitive est d'un âge plus
mûr. Montaigne est tellement contrarié du mauvais usage que les
protestants faisaient de ce discours, qu'il voudrait dégager la responsabilité de son ami par l'excuse de l'âge, d'un essai inoffensif,
retaillé souvent par les anciens, d'un exercice littéraire sans pré-
méditation, sans but, échappé à La Boëtie au milieu de ses études
classiques et qu'il n'avait plus revu. « Je crois qu'il ne le vit oncques,
depuis qu'il lui échappa en sa première jeunesse... » Mais voilà
que La Boëtie parle d'une chose qu'on est étonné de trouver dans
son discours, s'il le composa si jeune. Il parle d'un poème épique
de Ronsard, de la *Franciade*. « Laissons à la poésie française, dit-il,
ces beaux contes du roi Clovis, l'Ampoule, l'Oriflamme, auxquels
je vois combien à son aise s'y égaiera la veine de notre Ronsard en
sa *Franciade*. » La Franciade ! elle est du règne de Charles IX, et les
quatre chants que nous avons sont dédiés à ce prince. C'est l'opinion de M. Noël, professeur de rhétorique au lycée de Versailles,
éditeur des œuvres de Ronsard, et grande autorité en cette matière.
Or, au commencement du règne de Charles IX, La Boëtie, né en
1530, avait trente ans. Mais vient M. Feugère, éditeur des œuvres
de La Boëtie, et la bataille des éditeurs commence. Ronsard parle
de *Francus*, c'est-à-dire de la légende fort ancienne de *Francus*,
venu de Troie comme le pieux Énée, et père de nos rois, car il fallait se rattacher à l'Iliade et à l'Énéide et donner à nos rois une
origine classique : et il en parle sous Henri II, avant l'avènement de
Charles IX ; n'est-ce pas écrasant ! M. Feugère en conclut, premiè-

rement, que la *Franciade* est du règne de Henri II ; secondement, que La Boëtie a bien pu composer son discours à l'âge qu'indique Montaigne.

Nous voilà dans un mauvais pas d'où il est difficile de se tirer... Mais dans quelle pièce Ronsard parle-t-il de Francus ? Dans un long épithalame en neuf ou dix chants, sur le mariage d'Antoine de Bourbon, père de Henri IV, avec la fameuse Jeanne d'Albret. Et d'abord, Ronsard ne dit pas qu'il ait fait la *Franciade* ; mais qu'il y pense, qu'il est fatigué de chanter l'amour et les plaisirs, qu'il va mettre d'autres cordes à sa lyre. « Voilà ce à quoi je pensais, dit-il... Mais l'amour est revenu plus fort que devant. Or, adieu donc, prince Francus... » Il n'y avait qu'un remède à cela, et Ronsard l'indique, avec aussi peu de retenue que de bon goût, « c'est, ajoute-t-il, que le bon roi Henri II fasse ma crossée ; » ce qui signifiait qu'il fallait que Henri II lui donnât, non pas un évêché, comme le dit M. Feugère — Ronsard n'était pas prêtre encore — mais un titre d'abbé mitré, une riche abbaye que Ronsard ferait gérer par des religieux et dont il toucherait les bénéfices. Ronsard était très quêteur. Sans cesse il tend la main dans ses poésies dédicatoires. Mais supposons que M. Feugère ait raison. De quelle date est cet épithalame ? De l'année 1555 ; ce qui donne à La Boëtie vingt-cinq ans d'âge, quand il composait le *Contr'un*, toujours plus de dix-huit ans.

Concluons donc victorieusement, à notre tour, que La Boëtie, comme nous l'avons dit, pouvait n'avoir que dix-huit ans, quand il eut l'idée du *Contr'un*, quand il en traça quelques lignes, mais que très certainement il avait âge d'homme quand il y mit la dernière main. À l'âge de dix-huit ans, les occasions ne manquaient pas à Bordeaux pour échauffer la bile de notre jeune publiciste, et M. Feugère, d'après de Thou et d'après le chroniqueur bordelais De Lurbe, le fait remarquer avec raison. C'était en 1548 : les Bordelais s'étaient révoltés, à cause des impôts, et le connétable de Montmorency, ce *grand rabroueur d'hommes*, comme l'appelle Brantôme, vint pour les châtier. Ils avaient agi au nom de leurs franchises ; il supprima leurs franchises, ils avaient tué le lieutenant du roi, Monneins, parent de Montmorency, et jeté son corps dans une fosse, sans honneur ni sépulture ; il leur fit déterrer le corps de Monneins, non pas avec la bêche et le pieu, mais avec les doigts, en grattant et creusant le sol, jusqu'à ce qu'apparût le cadavre. C'est ce qui enflamma peut-être La Boëtie, qui avait alors dix-huit ans ; il écrivit sous cette impression ; et il fallait bien que quelque chose l'eût irrité, quoiqu'il ne le donne pas à connaître dans son discours ; car voici les conseils terribles qu'il donne contre les tyrans, et nous allons mieux voir maintenant ce qu'il pense des rois de France.

La Servitude volontaire, et ses causes.

Ce qui révolte le plus La Boëtie, en étudiant la condition des hommes et la politique qui les régit, c'est qu'il n'y aurait jamais de tyrannie, si on ne le voulait pas, et que la servitude n'existe que parce qu'elle est volontaire. De là le titre de son discours ; et de là vient aussi que, après avoir peint la servitude comme un malheur, il ajoute tout de suite avec profondeur qu'elle est *un vice*, un abandon de sa dignité, de sa raison, un sacrifice de soi-même qui dépasse son imagination et son intelligence. « Si les habitants d'un pays, dit-il, ont trouvé quelque grand personnage qui leur ait montré par épreuve une grande prévoyance pour les garder, une grande hardiesse pour les défendre, un grand soin pour les gouverner ; si de là en avant ils s'apprivoisent de lui obéir, et s'en fier tant, que de lui donner quelques avantages, je ne sais si ce serait sagesse ; d'autant qu'on l'ôte de là où il faisait bien pour l'avancer en lieu où il pourra mal faire : mais il y aurait de la bonté de ne point craindre de mal de celui duquel on n'a reçu que du bien. »

Je m'arrête un instant, et je demande si ce sont là des raisonnements d'un enfant de seize, de dix-huit ans ; si ces réflexions prudentes, ces calculs profonds, n'annoncent pas un autre âge. La Boëtie continue : « Mais ô mon Dieu ! » s'écrie-t-il, que peut être cela ? Comment dirons-nous que cela s'appelle ? quel malheur est celui-là ! ou plutôt quel vice, quel malheureux vice ! Voir un nombre infini, non pas obéir, mais servir ; non pas être gouvernés, mais tyrannisés, n'ayant ni biens, ni parents, ni leur vie même qui soit à eux ; souffrir les pilleries, les débauches, les cruautés, non pas d'un camp barbare…, mais d'un seul ; non pas d'un Hercule ni d'un Samson, mais d'un seul hommeau, et le plus souvent du plus lâche et féminin de la nation ; non pas accoutumé à la poudre des batailles, mais encore à grand'peine au sable des tournois ; non pas qui puisse par force commander aux hommes, mais tout empêché de servir virilement à la moindre femmelette… »

Qui ne voit ici une allusion évidente au jeune François II, triste époux de la belle Marie Stuart, et dont le père Henri II venait de périr dans un tournois ? J'insiste sur ce point, qui marque l'âge où La Boëtie écrivait, et qui nous prouve que nous sommes en présence d'une œuvre d'homme et non d'un travail inconscient d'écolier. Le règne de François II est l'époque de la conjuration d'Amboise, conjuration coupable, mais si durement réprimée. Partout on criait à la tyrannie des Guises… « Appellerons-nous lâcheté, dit La Boëtie, cette patience à souffrir les tyrans ? Deux peuvent en craindre un, et possible dix ; mais que mille, un million, mille villes ne se défendent d'un seul et endurent tout, cela ne s'appelle pas couardise, c'est un *monstre de vice*, que la nature désavoue avoir fait et que la langue refuse de nommer. »

Il n'y a donc pas de doute aux yeux de La Boëtie ; la tyrannie a pour base quelque chose qui est plus fort que la lâcheté humaine, et si l'on rampe dans la servitude, c'est parce qu'on le veut bien. « Celui qui vous maîtrise tant, » ajoute-t-il — et l'on va juger de cette éloquence *incitatrice* — « celui qui vous maîtrise tant n'a que deux yeux comme vous, n'a que deux mains, n'a qu'un corps et n'a autre chose que ce qu'aie moindre homme du grand nombre de *nos villes*… » Il dit *nos villes*, comme il va dire *vous tous*, pour bien montrer, ce semble, que c'est de nous et de la France qu'il parle… « Ce qu'il a plus que *vous tous*, c'est l'avantage que vous lui faites pour vous détruire. D'où il a pris tant d'yeux dont il vous épie, si vous ne les lui donnez ? Comment il a tant de mains pour vous frapper, s'il ne les prend de vous ; puisque lui n'en a que deux ? Les pieds dont il foule vos cités, d'où les a-t-il, s'ils ne sont des vôtres ? C'est vous qui lui donnez son pouvoir ; c'est vous qui avez intelligence avec lui. Vous êtes receleurs du larron qui vous pille, complices du meurtrier qui vous tue ; vous êtes traîtres de vous-mêmes. » Ainsi parle notre tribun.

Après cette étrange anatomie de la personne du tyran, après nous avoir enlacés de propositions qui s'enchaînent, et nous avoir amenés fatalement à cette confession finale et bien rendue : « *Nous sommes traîtres de nous-mêmes*, » La Boëtie se demande comment il peut en être ainsi, et il faut le suivre dans l'énumération qu'il fait de toutes les causes de servitude. Impossible d'avoir plus de force, de profondeur et de coup d'œil, plus de philosophie et d'expérience. La première cause c'est l'habitude, ou, comme il dit à la manière des Latins, *la nourriture, nutrimentum animi,* c'est-à-dire l'éducation et la naissance ; on reste comme on est né, on pense et l'on agit comme on a été élevé. L'éducation devient un instinct ; on n'a pas connu la liberté et l'on n'en comprend pas la recherche. Le regret ne vient qu'après le jouir — c'est La Boétie qui nous le dit — et nous sommes moins à blâmer qu'à *plaindre.* Mais il ne s'enferme pas dans ce style terne et sans figures, et il n'est pas si doux pour le genre humain : « Mithridate, dit-il, se fit à boire du poison... Ainsi nous, nous apprenons à avaler et à ne pas trouver mauvais le venin de la servitude... Voyez les deux chiens de Lycurgue, dont parle Plutarque dans son livre de *l'Éducation des Enfants...* » La Boétie a toujours des anecdotes à son service : c'était la manière des anciens ; c'est celle de la Renaissance, qui est le retour aux anciens. On faisait marcher ensemble la théorie et l'empirisme, l'expérience et la raison, l'intelligence qui donne les idées et l'histoire qui les confirme. Montaigne n'emploie pas d'autre méthode : par l'érudition il va à la science, par les faits il remonte aux idées générales et aux lois. « Lycurgue donc, le policeur de Sparte, ayant nourri deux chiens, tous deux frères, tous deux allaités du même lait, l'un engraissé à la cuisine, l'autre accoutumé par les champs au son de la trompe et du cor, voulant montrer au peuple lacédémonien que les hommes sont tels que leur *nourriture* les fait, mit les chiens en plein marché, et, entre eux, une soupe et un lièvre. Que firent-ils ? L'un courut au plat, l'autre au lièvre. Et toutefois, dit Lycurgue aux assistants, ils sont frères. La *nourriture* nous fait donc ce qu'elle veut, malgré la nature. »

La Boétie a une autre comparaison plus pittoresque et plus vive, et qui est de lui. « Il en est de la coutume, dit-il, comme des plus braves courtauts, qui, au commencement, mordent le frein, et puis après s'en jouent, et là où naguère ils ruaient contre la selle, ils se portent maintenant vers le harnais, et, tout fiers, se rengorgent sous la barde. » N'est-ce pas le beau mulet de Lafontaine, marchant à pas comptés et faisant sonner sa sonnette ? L'imagination de La Boétie se représente tout, anime tout, donne un corps à tout. La Boétie est un grand écrivain, parce qu'il est grand peintre.

Il y a plus que l'éducation, plus que la naissance et la coutume, pour étayer la tyrannie et river les clous de la servitude ; il y a la multiplicité des hauts fonctionnaires, la complicité de l'intérêt, toute cette engeance cupide et dévorante, que La Boëtie, dans sa rude éloquence, appelle avec Homère des *mange-peuples*, δημοβόροι ! Il est certain qu'un peuple de fonctionnaires, un peuple de salariés, ne saurait être un peuple libre. La centralisation, qui multiplie les employés, multiplie les esclaves : c'est la pensée de La Boëtie. « Ils sont six tyranneaux, dit-il, autour du tyran, et ces six tyranneaux ont pour complices et instruments six cents qui profitent sous eux.

Ces six cents — nous allons voir la progression et les anneaux de la chaîne — tiennent sous eux six mille qu'ils ont élevés en état par gouvernement des provinces et des finances. Grande est la suite qui vient après. Qui voudra s'amuser à dévider le filet s'apercevra que non pas les six mille, mais les cent mille, les millions, par cette corde se tiennent au tyran et l'aident, comme, dans Homère, Jupiter qui se vante, s'il tire la chaîne, d'amener à soi tous les dieux… » La Boëtie sait tout, il se sert de tout avec esprit. Les allégories mythologiques sont le moule de ses idées et de ses images. « Voilà, ajoute-t-il, les suppôts de la tyrannie ; voilà ceux qui ont l'œil au guet, l'oreille aux écoutes, ayant toujours le visage riant et le cœur transi, ne pouvant être joyeux et n'osant être tristes, ne s'appartenant plus à eux-mêmes… Les peuples, les nations, tout le monde, jusqu'aux paysans et aux laboureurs, sait leurs noms, déchiffre leur vie, les poursuit dans mille écrits, amasse sur eux mille outrages, et, après leur mort, on traînera leurs os pour les punir de leur méchante vie… Eux ne bougent ; ils ont le gain et le regain de la tyrannie, soutiens du tyran et tyranneaux eux-mêmes. »

Je ne sais si je me trompe : mais il est bien difficile de ne pas voir là un tableau de ce que La Boëtie avait devant les yeux sous François II, sous Charles IX, lors de la domination du cardinal de Lorraine et des Guises. On ne s'inspire en général que de ce qu'on voit. Or, ce n'est pas le règne de Henri II qui pouvait fournir à La Boëtie le sujet d'une peinture si sombre.

Ignorance et servitude ; instruction et liberté.

François Combes

Mais il n'a pas fini. Il y a une troisième cause qui facilite la tyrannie ou la prolonge, et La Boëtie ne le cache pas. Il habitait Bordeaux ; il appartenait à une ville où l'instruction et l'éloquence ont toujours été en honneur ; où le commerce développe les idées par les communications et les voyages ; où l'on ne connaît pas l'isolement si fatal à tout, au caractère, aux mœurs, à l'esprit de société et de mutuelle confiance. Cette cause troisième, c'est l'ignorance, le manque d'instruction, le manque de lumières.

Ce que Michel de l'Hospital, à qui Montaigne adressa les poésies latines de son ami, désirait dans un but de tolérance, La Boëtie le réclame dans un but de liberté. « Les loisirs et la doctrine, dit-il, donnent *le sens de la liberté.* » Mot philosophique et très vrai, *le sens de la liberté* ! Il y a des hommes qui n'ont pas le sens de la liberté, qui n'ont que des instincts serviles ; comme il y en a aussi qui n'ont que le sens du désordre, et qui ne voient pas que la liberté est l'ordre par excellence, la loi, le droit, la réunion de toutes les garanties, et qu'avant d'être une passion il faut qu'elle soit une vertu. C'est ce que donne l'instruction, parlant des droits et des devoirs, de la justice et du bien, de notre noblesse et de nos destinées : elle donne la vertu de liberté, c'est-à-dire ce qu'il y a de plus sérieux, de plus saint et de meilleur au monde. « Mais les tyrans n'aiment pas l'instruction, ajoute La Boëtie. Sous eux, pas de liberté de parler et quasi point de penser. Le Grand-Turc n'a guère plus de savants qu'il n'en demande ; » et il n'en demande jamais.

Le Turc, pour La Boëtie, est le type des tyrans ; et comme le Turc régnait sur les Grecs, cela le fait penser à la Grèce, aux Dieux des Grecs, au bouffon des Dieux qui s'appelait Momus, et qui était le grand comique de l'Olympe. « Ah ! voilà l'homme que vous avez fait ? dit Momus à Vulcain en admirant son bel ouvrage. Dommage que vous ne lui ayez pas fait, au cœur…, une fenêtre. — Et pourquoi ? — Pour voir de là toutes ses pensées. » Et il ne se moquait pas trop le dieu Momus, dit La Boëtie, il avait bien son idée. Les Tibère, les Néron n'aimaient pas l'homme de Vulcain, au cœur fermé et sans fenêtre ; celui de Momus eût bien mieux fait leur affaire.

« Mais il y a des hommes, s'écrie aussitôt La Boëtie, qui ne pensent pas comme les tyrans, et qui, lors même que la liberté serait perdue et toute hors du monde, l'imaginent — suivons bien cette gradation éloquente — la sentent dans leur esprit, la savourent, et la

servitude n'est jamais de leur goût pour si bien qu'on l'apprête. »
Admirables paroles, où se trouvent l'énergie et l'esprit, et qui rap-
pellent celles du roi Jean le Bon, quand il alla se constituer prisonnier en Angleterre à la place de son fils évadé : « Si la loyauté et
la bonne foi étaient bannies du reste de la terre, elles devraient se
retrouver dans le cœur des rois. »

Quels sont donc ces hommes que la tyrannie ne peut abattre ni
asservir ; qui imaginent la liberté, selon la belle expression de La
Boëtie, quand on l'a détruite, et en conservent parmi les humains la
notion pure et tutélaire ? « Ce sont quelques-uns, dit notre auteur,
mieux nés que les autres, dont l'entendement est net et clairvoyant,
qui sentent le poids du joug et ne peuvent tenir que de le crouler ;
qui, ayant d'eux-mêmes la tête bien faite, l'ont encore polie par le
savoir et l'étude. » Ce sont les Cicéron, les Caton, les Thraséas, les
Demosthènes, les Phocion, tous ceux qui ont le cœur sain et l'âme
grande, tous ceux qui composent l'aristocratie impérissable de
l'intelligence et de l'éducation. « Les autres, et non pas les larron-
neaux, dit La Boëtie, ni les *esorillés*, c'est-à-dire ceux à qui la justice
a fait couper les oreilles, et qui ne font ni bien ni mal dans la république. » Mais les vieux, les corrompus, les gens sans aveu, les âmes
basses et vénales, les oisifs, ou ceux que le dégoût du travail pousse
aux émeutes et que le vrai peuple maudit, « tous ces hommes, dit-
il, ouverts aux grands plaisirs déshonnêtes, et insensibles à ce que
honnêtement ils ne devraient souffrir, qui se prennent au moindre
filet qui leur est tendu, et ne s'assujettissent jamais tant *que lors-
qu'on se moque d'eux* ; ces hommes qui pleurèrent la mort de Néron,
comme précédemment celle du dictateur César, ayant encore ses
banquets à la bouche, et la souvenance de ses prodigalités dans
l'esprit, et qui enfin ne demandaient que du pain et des jeux de
cirque, *panem et circenses* ; » cette multitude, qui est la plaie de
tous les régimes, des républiques comme des monarchies, et qui
souvent a le nombre pour elle, La Boëtie n'a pas assez d'expressions pour la stigmatiser et la flétrir. Il n'est pas pour les *dernières
couches* ; il les accable même trop ; un peu de compassion vaudrait
mieux que tant d'indignation : il les appelle « *populace, le grossier les
lourdauds* ». Il eût mieux aimé vivre à Venise qu'à Sarlat où il était
né, c'est-à-dire dans une république et non dans une monarchie.

François Combes

République aristocratique de La Boétie.

Mais il a en horreur la démocratie et le bas peuple. Il est dans les idées de Platon, de Tacite, de Phocion, lesquelles ne sont pas des idées démocratiques. « *Le populaire*, dit-il, *a été toujours l'échafaudage des tyrans.* » La Boétie est parlementaire, il est même républicain — cela ressort de tout son discours. — Il dit souvent, quoique avec exagération, « *qu'il n'y a rien de la chose publique dans une monarchie, puisque tout est à un seul.* » Il ne fait aucune exception, même pour la France, pour la France de l'abbé Suger, de Gerson, de Duguesclin, de Montaigne, de Michel de l'Hospital, pour cette France où Mme de Staël trouvait que le despotisme était nouveau et la liberté ancienne. Il semble la condamner comme les autres.

Mais Venise, avec son Conseil des Dix et ses Inquisiteurs d'État, était la plus terrible des aristocraties. La Boétie dit lui-même qu'il n'y avait là qu'une poignée d'hommes libres, mais ne songeant qu'à la liberté. Il exalte aussi la république de Sparte, « où le grand législateur Lycurgue, dit-il avec grande raison, forma si bien les Lacédémoniens, que chacun d'eux eût cru plus cher de mourir de mille morts que de connaître autre seigneur que *la loi et le roi.* » Mais cette république de Sparte était la plus forte aristocratie qui fut jamais. Les hilotes, les esclaves y abondent, avec de belles chasses à ces malheureux pour les enfants des nobles, pour apprendre à ceux-ci l'art de la guerre… La philosophie antique était impitoyable pour la moitié du genre humain.

« Ainsi, dit La Boétie, ne souffrez pas de tyran, que ce soit une tyrannie d'usurpation ou une tyrannie héréditaire. *Les années ne donnent aucun droit contre le droit* ; elles ne font qu'aggraver l'injure. » Par ces paroles, on voit que le XVIe siècle, dans la personne de La Boétie, donne la main au XIXe. Mais le plus beau discours du monde ne vaut que par la conclusion ; les meilleures théories ne sont rien sans la pratique. C'est la pratique qui distingue les vrais législateurs des philosophes, et les esprits justes des rêveurs. Il ne suffit pas de dire que tout est tyrannie, en dehors des républiques ; il faut donner le moyen d'organiser la république et de renverser la tyrannie. Pour sa république, nous l'avons vu, La Boétie ne veut que le petit nombre, et il supprime d'un trait de plume presque toute la démocratie. Quant à la tyrannie, ses moyens de la renverser se réduisent à un seul, à un seul dont la simple énumération éveillera l'idée d'impossibilités nombreuses : c'est de ne pas *servir les tyrans, de les laisser à eux-mêmes, de les abandonner, de faire le vide autour d'eux, de ne rien accepter d'eux, ni titres, ni emplois, ni charges quelconques, ni présents, ni dons* ; de manière que, n'ayant personne pour les défendre, personne pour les servir, ils se retirent, et finissent, comme un combat finit, faute de combattants.

Bon moyen, mais difficile, on en conviendra. Comment d'abord marquer le point précis où commence la tyrannie ? Comment établir ensuite, sur une grande échelle, cet accord unanime de ne pas servir le pouvoir ? Combien qui ne peuvent se passer d'un emploi ! combien ne veulent pas s'en passer et ne s'agitent que pour y arriver ! « *Soyez résolus*, dit La Boëtie, *vous voilà libres.* » Mais cette unanimité de résolution est précisément la chose difficile, pour ne pas dire la chose impossible.

Devant un pareil obstacle, La Boëtie veut-il qu'on emploie la force, *vim contra vim*, qu'à cette résistance universelle et passive, à cette abstention silencieuse et morne de tous les sujets se mêle un peu de bruit, un peu de résistance armée et effective ? Non, et il le répète sur tous les tons. « Je ne veux pas, dit-il, non, je ne veux pas que vous poussiez le tyran et que vous le branliez. Seulement, ne le soutenez plus, et vous le verrez, comme un grand colosse à qui on a dérobé sa base, de son poids même fondre en bas et se rompre... » Phrase admirable d'arrangement et de structure, où une inversion heureuse, imitée des Latins, tient comme en suspens le colosse, avant qu'on le voie tomber et rouler à terre... Avant Malherbe et même en prose, La Boëtie

D'un mot mis en sa place enseignait le pouvoir.

Boileau eût pu le dire de La Boëtie, comme il le dit de Malherbe. Mais qui connaissait La Boëtie au XVIIe siècle, au temps de Louis XIV ? On ne le connut qu'au XVIIIe siècle, et encore vers la fin. Les événements tour à tour ensevelissent les écrivains et les ressuscitent ; Montaigne même n'osait point parler du *Contr'un*. Mais pourtant, si La Boëtie ne recommandait qu'une résistance passive, une austère et indomptable force d'inertie, s'il repoussait toute violence, il n'y avait pas grand mal à procurer à ce beau

François Combes

morceau d'éloquence républicaine la vogue immense qui attendait les *Essais*. Y avait-il donc quelque autre raison à la prudence de Montaigne ?

Une doctrine de sang était alors prêchée dans le monde : le tyrannicide. Les ligueurs la prêchaient contre les protestants, contre Henri III lui-même, qui, selon eux, était trop tiède catholique ; et, comme on voit toujours un tyran dans un persécuteur, les protestants ne se faisaient faute de la prêcher contre les chefs de la Ligue… Eh bien, La Boëtie semble approuver le tyrannicide ; car il loue tous ceux qui l'ont commis. Harmodius et Aristogiton assassinent Hipparque, à qui on doit la coordination des *chants épars des poèmes d'Homère*, la première bibliothèque publique d'Athènes, et qui protégea Simonide et Anacréon ; ils l'assassinent dans une procession religieuse, comme si l'on frappait quelqu'un, de nos jours, au pied des autels : La Boëtie les approuve. Jules César est tué par Cassius et Brutus : il les approuve, et laissons-le, du reste, raconter lui-même un trait peu remarqué de la vie de Caton d'Utique. Il avait lu cette Vie dans Plutarque, et il pouvait la lire aussi dans la traduction d'un contemporain, dans la belle traduction d'Amyot ; mais le grec lui était familier comme le latin : « Je vous lègue ma *librairie*, dit-il en mourant à Montaigne, μνημόσυνον *sodalis tui*, *souvenir de votre ami* ; » et par ces mots il exprimait à la fois sa connaissance des deux langues et ses adieux.

« Caton l'Uticain, dit-il, étant encore enfant et sous la verge, allait et venait souvent chez le dictateur César, tant pour ce que, à raison du lieu et de la maison dont il était, on ne lui fermait jamais les portes, et qu'aussi ils étaient proches parents. Il avait toujours son maître, quand il y allait, comme avaient accoutumé les enfants de bonne part… Il s'aperçut un jour que, dans l'hôtel de Sylla, tout allait non comme chez un officier de la ville, mais comme chez un tyran du peuple, et que c'était » — remarquons ce souvenir d'homme de loi et de magistrat — « non pas un *parquet* de *justice*, mais une caverne de tyrannie. Ce noble enfant dit à son maître : « Que ne me donnez-vous un poignard ? Je le cacherai sous ma robe. J'entre souvent dans la chambre de Sylla, avant qu'il soit levé. J'ai le bras assez fort pour en dépêcher la ville. » — « *Voilà vraiment*, dit La Boëtie, une parole appartenant à Caton… ; c'était le commencement de ce personnage, et digne de sa mort. » J'ose dire non ; cette doctrine du tyrannicide est mauvaise, et l'âme de La Boëtie était trop taillée sur un patron antique. Où s'arrête-t-on avec ces idées, et où est vraiment le tyran ? Les vaincus le voient dans les vainqueurs, et les hommes de désordre le voient partout. Un survivant de la Ligue tua Henri IV comme un tyran, parce qu'Henri IV avait vaincu les ligueurs.

Écoutons plutôt un auteur, qui n'est certes pas pour les tyrans : « *Le sang répandu*, dit-il, *n'est pas une semence féconde…* » C'est Michelet qui dit cela, dans les premiers volumes de son Histoire de France, en flétrissant le meurtre des maréchaux de Champagne et de Normandie par la démocratie du xive siècle. Le fer plus d'une fois trompe les mains qui l'aiguisent. Le peuple ne s'attache pas aux bourreaux ; il s'attache aux victimes. César assassiné devint un martyr, et son neveu Octave un généreux vengeur. Les meurtriers, comblés de biens par lui, et l'un regardé comme son fils, ne furent plus que des monstres et des ingrats. Rien de plus aisé que de présenter ceux qui gouvernent comme des tyrans. Il y a tant de gens intéressés à le croire !

« Mais ce peuple, dit encore Michelet dans le même passage : ce peuple que vous voulez sauver, en invoquant le *salus populi suprema lex* ; ce peuple, si vous pouviez l'entendre, vous crierait bien haut, avec l'accent divin qui est en lui : périssent vos idées, périsse le peuple même, plutôt que l'humanité et la justice ! »

Heureusement, — et nous arrivons ici à l'opinion de La Boëtie sur les rois de France — le terrible *Contr'un* dément un peu ce qu'il nous donnait à entendre. Il ne met pas nos rois de France parmi les tyrans. « Il y en a, dit-il, qui, à l'instar des tyrans, se sont fait garder par des étrangers, mais à une autre intention : pour garder leurs sujets, n'estimant rien le dommage d'argent, pour épargner le sang des hommes. » *Nulla unquam fulsit victoria Francis sine milite scoto* ; c'est la traduction de ce dicton populaire. « Oui, ajoute-t-il, nos rois ont été si bons en temps de paix, si vaillants en temps de guerre, que, *encore qu'ils naissent rois*, si semble-t-il qu'ils aient été, non pas faits comme les antres par la nature, *mais choisis par le Dieu tout-puissant, devant que de naître*, pour le gouvernement et la garde de ce royaume. »

La Boëtie en dit beaucoup et semble se rétracter. Serait-il donc royaliste pour la France, républicain pour les autres pays ? Je crains que ces phrases ne soient une concession, une retouche, une prudente correction. La Boëtie préfère la république à la monarchie ; rien de plus certain, une république aristocratique et du petit nombre, comme à Venise, mais enfin la république, c'est-à-dire un État sans roi. Il l'insinue dans ce passage même, en disant : « *ceux qui naissent rois* ; » et ailleurs, par ces mots si sombres : « *ceux qui naissent rois, étant nés et nourris dans le sang de la tyrannie, tirent à soi, avec le lait, la nature de tyran…* »

Que voulait-il donc pour nous ? Se serait-il contenté d'une monarchie parlementaire, rêve de tous les parlements, ou, mieux que cela, d'une monarchie représentative, de cette alliance « *de la loi et du roi* », tant vantée par lui chez les Spartiates, qui en effet avaient des rois, non des rois électifs, comme dans la république de Pologne, mais des rois héréditaires et de droit divin, comme dans les monarchies ? M. Léon Feugère le croit, et je n'y veux pas contredire. J'aime mieux louer La Boëtie pour une chose plus générale, non moins utile et plus incontestée : je veux dire ces nobles et courageux accents pour la liberté ; cette revendication éloquente de la dignité humaine et des droits civils. Je l'approuve surtout d'avoir placé la liberté dans la vertu, d'avoir dit bien haut que le vice est l'allié des tyrans, et qu'une nation corrompue est tôt ou tard une nation esclave. Et ce ne sera pas la louange dernière.

Socrate, dans l'antiquité, attachait à l'instruction une telle importance que, avec une exagération manifeste, il allait jusqu'à dire que l'ignorance n'avait ni vice ni vertu, ni responsabilité par conséquent devant les hommes. Plus tard, un autre philosophe, qui fut aussi un historien profond et un orateur chrétien incomparable, Bossuet, appréciant la civilisation égyptienne dans son *Histoire universelle*, et donnant à la pensée de Socrate une forme plus sage, louait les Égyptiens d'avoir inscrit ces mots à l'entrée de leurs bibliothèques publiques : « *C'est ici le trésor des remèdes de l'âme.* » L'âme en effet, dit-il, s'y guérissait de l'ignorance, *la plus dangereuse* de ses maladies et la source de toutes les autres. » Eh bien ! ce sera la gloire de La Boëtie d'avoir développé cette idée avant Bossuet, et d'en avoir déduit les conséquences morales ; d'avoir affirmé dans un langage élevé et poétique, que la raison éclairée fleurit tôt ou tard en vertu, qu'une instruction sage est nécessaire, et que l'ignorance ne profite pas plus à la moralité qu'à la liberté humaine.

II. — MONTAIGNE.[1]

Il s'en faut que, pour la forme du gouvernement, Montaigne soit tranchant et acerbe comme son ami. Certes il aimait La Boëtie, et le *Contr'un* fut l'occasion de cette amitié célèbre. « *Je l'aimais, parce que c'était lui, parce que c'était moi.* » Même âge presque et même naissance, même rang au Parlement, même érudition grecque et latine, même goût pour la philosophie et même éloquence, avec plus d'abandon et d'esprit gaulois dans l'un, plus d'âpreté dans l'autre : mais, quant aux opinions, aucune ressemblance. La Boëtie, mort jeune comme tant de précoces génies, est un Pascal pour la prose nerveuse, pour l'énergie dévorante de l'âme, et souvent un Jean-Jacques Rousseau pour le paradoxe. C'est un Romain aussi des anciens temps, fidèle aux lois de son pays, qui étaient des lois monarchiques ; mais leur préférant un gouvernement républicain, comme celui de Sparte ou de Venise, un vrai patriciat, sans peuple, sans démocratie, avec l'élite de la nation, l'élite de la propriété et de l'intelligence. « Le peuple, dit-il, n'est bon qu'à crier : *Vive César !* *Vive Auguste !* » La Boëtie semble dire : « Ma république, sera aristocratique, ou elle ne sera pas. » La Boëtie est un théoricien. Montaigne un observateur. L'un ne consulte que la raison, intraitable, absolue, allant coûte que coûte à ses fins ; l'autre tient plus de compte de l'expérience, qui est le flambeau de la raison : « *ce sont des essais*, dit-il, *ce sont des études que je présente.* » La Boëtie creuse un moule pour tous les peuples, le moule des Grecs et des Romains, et tous les peuples s'y logent ; il le veut, il le croit : Montaigne voit partout la variété d'institutions et de lois, partout les mêmes maux après les mêmes changements, souvent le même bonheur dans des lois différentes. Il en conclut que la variété est la règle du monde, non l'uniformité, et, en tout cas, le doute le prend : Que sais-je ? que sais-je ? Tout lui paraît relatif en politique, tout lui paraît bon ou mauvais, selon les peuples et leurs mœurs, selon les circonstances et les temps. Les Spartiates étaient le peuple le plus libre du

---

1 Outre l'édition Leclerc et l'édit. Louandre, voir la belle édition de MM. Dezeimeris et Barckhausen, d'après les manuscrits conservés à la Bibliothèque de Bordeaux.

François Combes

monde, et ils se disaient en république, quoique ayant des rois, des rois issus d'Hercule et de droit divin. Les Anglais de nos jours ne se croient pas moins libres, quoiqu'ils aient aussi une royauté héréditaire et qui a pour devise : *Dieu et mon droit*. On peut donc être libre, sans être en république ; on peut être en république même en ayant des rois. Il y a de tout dans l'histoire ; il y a tous les régimes, tous les caprices et en apparence tous les contre-sens.

Une chose manqua à La Boëtie et ne fit pas défaut à Montaigne : c'est de voyager, de voir du monde et du pays, de quitter les Grecs et les Latins, Aristote et Cicéron, le cardinal Duperron aussi et Théodore de Bèze, et de s'embarquer sur les navires qui sortaient du port de Bordeaux, comme autrefois du Pirée et d'Athènes ; d'étudier les nations, leur humeur, leurs goûts, la diversité de leurs lois, et de les étudier autrement que dans les livres. On n'est plus aussi absolu, quand on voyage. Montaigne ne fit pas comme lui, il ne s'enferma pas au milieu des anciens, parmi des morts illustres, mais des morts. Il voulut voir la vie et connaître son temps ; il voulut dépasser Sarlat et le Médoc, Bordeaux et son château de famille tout couvert à l'intérieur de sentences grecques et latines. Il disait que chacun jugeait les choses selon l'ordonnance et la coutume de son village, et qu'il voulait voir les pays étrangers.

Il ne publia qu'une partie de ses *Essais*, en 1580, à Bordeaux. Il voulait se faire un nom avant son départ, ajournant l'ouvrage à son retour, et, cela fait, il partit. Il visita l'Allemagne, dont François Hotman, professeur de droit à Bourges, lui avait beaucoup parlé ; il parcourut la Suisse, l'Italie, goûtant fort la cuisine allemande, les écrevisses et la bière, et n'aimant pas moins, en Italie, les truffes à l'huile et les olives : appétit de voyageur et estomac cosmopolite. À Augsbourg, à Bâle, à Munich, il voit des professeurs, il cause avec des docteurs protestants. À Florence il dîne avec le grand-duc. À Rome, il voit le pape Grégoire XIII, les cardinaux, les représentants de toutes les puissances, les ambassadeurs même d'un État, alors peu connu en Europe, les ambassadeurs de la Russie. À Ferrare, il visite dans son cachot Le Tasse, qui s'était épris d'une belle passion pour une princesse souveraine et était devenu fou.

Voilà pourquoi, dans ses *Essais*, Montaigne connaît si bien les Italiens, et pourquoi aussi il parle tant des Allemands, de leurs mœurs, du trop-plein de l'Allemagne qui fait les invasions, de leurs eaux, et du vin qu'ils préfèrent à la bière et à l'eau. « L'essentiel pour eux, dit-il (p. 102, t. II, éd. Louandre) n'est pas le goûter, mais l'avaler ; et c'est étonnant comme, dans leur ivresse, ils se souviennent de tout, de leurs quartiers, du mot-d'ordre et de leur rang... Ils boivent toujours... Boire à la française, modérément et à deux repas, c'est trop restreindre la faveur de ce dieu. »

Montaigne fut élu maire de Bordeaux pendant ce voyage, et il fut un maire admirable, détournant ses concitoyens de la politique pour les appliquer au commerce. Mais on devine avec quelles dispositions d'esprit il rentra en France après deux ans de voyage, et quelle masse d'observations il rapporta sur les institutions et les lois, sur les races et les climats, sur les croyances et les religions, sur toutes les variétés physiques et morales de l'espèce humaine. Il devint plus pratique ; La Boëtie resta plus radical ; il était plus législateur, La Boëtie était plus philosophe. Montaigne se rapprochait davantage d'un autre écrivain qui fut aussi, mais plus tard, du Parlement de Bordeaux ; il se rapprochait de Montesquieu, qui avait voyagé aussi, comme autrefois Platon, Lycurgue, Hérodote, et qui tirait des variétés physiologiques des peuples la diversité de leurs lois, au risque de trop attribuer au climat et à la nature, et de substituer une sorte de fatalisme à la libre expansion du génie. « Il n'y a pas une loi, dit Montaigne (t. II, p. 507), qui soit universellement reçue par toutes les nations. » Et il poursuit, de la manière suivante : « Que mangez-vous là et quel repas que le vôtre, disaient les Grecs d'Alexandre aux doctes habitants de l'Inde et du Gange ? Vous mangez vos parents trépassés, et vos brahmanes se disent des sages ? — Oui, nous faisons passer leur chair dans la nôtre, et notre corps est leur tombeau. — Mais c'est horrible. — Et vous, vous les brûlez, comme on brûlerait des coupables ; c'est plus horrible encore. »

Montaigne en concluait que chacun a ses raisons pour défendre ses coutumes, et que les mœurs d'un peuple ont leur raison ; que tout ce qui est loi positive est variable, incertain, changeant ; qu'il n'y avait même de certain, dans les lois, que l'incertitude. Ce qui se passait en France, de son temps, et qui dura jusqu'à sa mort, arrivée en 1592, un an avant la conversion d'Henri IV, n'était pas fait pour lui ôter cette idée. On ne voyait qu'agitations, conflits, guerres civiles et religieuses, invasion. On s'égorgeait dans les rues,

François Combes

on dressait des barricades ; Paris soutenait un siège affreux plutôt que de reconnaître Henri de Navarre ; on ne voulait qu'Henri de Guise ou le Balafré, candidat des ligueurs et de l'Espagne, et si Henri IV ne se convertissait pas, tout s'apprêtait pour cette usurpation déplorable. Montaigne lui-même, le savant et pacifique Montaigne, était enfermé à la Bastille, par les Ligueurs, pour s'être mêlé de quelque négociation en faveur d'Henri IV,[1] peut-être aussi pour l'avoir reçu en son château du Périgord, où l'on montre encore la chambre du bon roi. « Ah ! dit-il, Socrate avait cette parole à la bouche, que ce qu'il savait. *C'est qu'il ne savait rien.* » Et moi je dis : « *Que sais-je, que sais-je ?* » Montaigne devenait sceptique, triste fruit des révolutions pour bien des esprits ; il affirmait l'incertitude de la connaissance ; il affirmait l'instabilité même de la morale et du devoir, dès que l'autorité n'existe plus ; l'autorité devenait pour lui la boussole ; la liberté n'était que le chaos. « Il ne faut laisser au jugement de chacun, écrivit-il (t. II, p. 343), la connaissance de son devoir. Il le lui faut prescrire, non pas le lui laisser choisir à son discours. Autrement, selon l'imbécillité et la variété infinie de nos raisons et opinions, nous forgerions enfin des devoirs, qui nous mèneraient à nous manger les uns les autres : *La perte de l'homme, c'est l'opinion de savoir.* »

---

1 C'était en 1588 ; et à ce propos ce sont élevées bien des discussions sur le rôle et l'influence politique de Montaigne pendant la Ligue. M. Grün, dans un travail, intitulé : *Vie publique de Montaigne*, soutient que ce rôle a été très efficace, très actif, au point de vue des intérêts du roi de Navarre. M. Villemain, qui avait bien quelque autorité et dont « l'éloge de Montaigne » avait été couronné par l'Académie française, prétendait au contraire que ce fut insignifiant, et qu'on n'est pas un grand négociateur politique, parce qu'on aborde des princes, qu'on soit déguisé en chevalier de Saint-Michel ou en moine. Ce déguisement indiquait pourtant une intention, sinon un effet. « Oui, oui, répondit un savant bordelais, M. le Vte Alexis de Gourgues, *oui, Montaigne eut de l'influence. Il travailla à une grande affaire, à la réconciliation du roi de Navarre et du jeune duc de Guise.* »

On peut voir toutes ces discussions en 1853, dans le *Journal des Savants* pour M. Villemain ; dans les *Actes de l'Académie de Bordeaux*, pour M. de Gourgues.

De nos jours, M. Malvezin a publié un long travail sur l'*Origine de la famille Montaigne*, mais rien sur le point qui nous occupe ; il le signale, en plaçant Montaigne au milieu de ses contemporains, et il regrette avec modestie de ne pouvoir le traiter.

II. — MONTAIGNE.

Nous sommes loin de La Boétie et de ses théories inflexibles :
« L'homme ne relève que de la raison et n'est sujet à personne. »
Montaigne lui répond avec causticité et finesse, ce qu'il avait dit
sans doute de vive-voix : « Oui, la raison doit seule nous conduire ;
mais elle est moins sûre que l'instinct ; elle est plus aveugle que
la fortune ; elle ne se comprend pas elle-même ; elle est trompée
par ses propres outils ; elle a son assiette mal assurée ; elle ne loge
que dans le sein de Dieu ; elle a grand besoin d'autorité, et, pour
tout dire, elle n'est qu'un pot à deux anses... » Il dit tout cela au
chapitre XII du livre II, le plus long chapitre de son ouvrage, où
il examine la *Théologie naturelle* du savant espagnol, Raymond
Sebond, c'est-à-dire le christianisme expliqué par la raison, un peu
sans doute comme l'expliquait l'éloquent abbé Lacordaire. Jamais
Pascal, qui pourtant accable Montaigne et le traite de païen, n'a
tenu à la raison un plus dur langage. Sainte-Beuve le remarque
dans son histoire de Port-Royal, ainsi que Villemain dans son éloge
de Montaigne : il y a beaucoup de Montaigne dans Pascal. Pascal
disait de la philosophie, émanation pure de la raison, qu'« elle ne
vaut pas un quart d'heure de peine. » Montaigne ne la prend pas
plus au sérieux, il l'appelle une poésie sophistique. Que fait-il pour
le prouver ? Il suspend un philosophe, un grave et fier stoïcien, aux
tours de Notre-Dame, dans une cage de fer bien attachée. « Vous
ne pouvez tomber, lui dit-il ; et cependant vous avez peur ? Allons
donc ! vous êtes un esprit faible comme les autres. Vous nous donnez vos systèmes *pour de l'argent comptant, et vous faites souvent
la culbute.* »

Une fois dans ce persiflage, Montaigne ne s'arrête plus, et il s'at-
taque à la morale des philosophes, aussi bien qu'à leur métaphy-
sique ; à la théorie des devoirs, comme à celle des idées. « Les
philosophes, dit-il, ne peuvent réprimer nos sens, *pas plus que
les leurs,* et volontiers ils nous diraient de nous couper et boucher
les oreilles, pour éviter les pensées qui nous viennent par l'ouïe ;
comme cet idiot qui coupait l'arbre pour avoir le fruit. Démocrite,
en effet, ce beau philosophe, se creva les yeux pour décharger l'âme
des tentations qu'elle en recevait et pouvoir philosopher plus en
liberté. — Mais à ce compte, ajoute Montaigne, il se devait aussi faire étoupper les oreilles, et se devait priver enfin de tous les
autres sens, c'est-à-dire *de son être et de sa vie* ; car ils ont tous cette

François Combes

puissance de commander nos discours et notre âme. »

Quelle est la pensée de Montaigne sous cette vive moquerie ? que la religion, c'est-à-dire la foi, une sorte de raison divine et de crainte de Dieu, communiquée aux hommes, fait plus pour les mœurs que toute la philosophie, et qu'on se tromperait en appliquant son fameux *que sais-je ?* à la religion, à la révélation chrétienne, à la foi. Rouvrons le même chapitre XII, qui ne laisse rien à désirer sur ce point. Montaigne y donne la révélation comme une source unique de vérité ; le libre-examen lui paraît dangereux, et volontiers il comparerait le protestantisme à l'athéisme, pour l'*abus*, dit-il, qu'en peuvent faire les classes ignorantes. Le pape Grégoire XIII ne s'y trompa point. En dépit de quelques critiques jalouses, faites, à Rome, par un moine français, il loua la partie connue des Essais de Montaigne. « Continuez, dit-il à l'illustre auteur ; aidez à l'Église par votre éloquence. »

Pourtant un avocat célèbre de Bordeaux, qui fut ministre d'un roi malheureux, et fut malheureux lui-même, emprisonné, exilé, M. de Peyronnet, en parlant des Essais dans ses *Pensées d'un prisonnier*, dit qu'on y cherche en vain le chrétien ; il se trompe. M. Nisard dit de Montaigne : « Les études le prirent philosophe catholique, et le laissèrent philosophe chrétien. » Un juge, moins prévenu encore, M. Cousin, va plus loin et le maintient catholique, « à côté, dit-il, d'un naturalisme qui n'éblouit que les esprits faibles et craintifs. Montaigne, ajoute-t-il, se repose de toutes choses dans la *foi à la révélation*.[1] Il ne voit que là la sûreté et le port pour *la raison même*. Il désenseigne la sottise, comme disait son admiratrice et sa fille d'alliance, Mlle de Gournay. »

Que fait-il encore ? Il flétrit la question, la torture judiciaire, deux cents ans avant qu'on l'abolît. « C'est bien assez de la mort, » s'écrie-t-il. Il trouve aussi que la tolérance mettrait fin aux guerres de religion ; c'est son expression (t. III, p. 113), et il devance de vingt ans le célèbre édit d'Henri IV. Il déclare enfin qu'il aime et approuve la noblesse, comme une distinction pour de rares services, tout en mettant la vertu au-dessus d'elle, et, pareil à Fénelon, il dit bien

---

1 Il y a dans une revue de province, *la Chronique de Bergerac*, citée par M. de Gourgues, année 1855, deux excellents articles de M. l'abbé Sagette, professeur au petit séminaire, *sur le Christianisme de Montaigne*. C'est un travail très remarquable.

II. — MONTAIGNE.

haut (t. IV, p. 95) qu'il préfère l'humanité à la patrie… ; ce qui signifiait — car il faut comprendre ces grands esprits — qu'il ne faut pas, même pour sa patrie, rêver un bonheur qui ne serait pas celui de l'humanité… Mais prenons-y garde, Montaigne était de la race des magistrats très chrétiens, de ces magistrats, qui, à l'exemple de son collègue, le président François de Lâge, ceignaient, en mourant, l'habit de cordelier, pour mieux marquer leur foi chrétienne.

Le docte conseiller Étienne Pasquier parle de Montaigne dans sa lettre xxxve. « Lorsque, en 1592, dit-il, il se sentit près de mourir, il pria sa femme de faire venir quelques gentilshommes ses voisins, afin de prendre congé d'eux. Arrivés qu'ils furent, il fit dire la messe en sa chambre, et comme le prêtre n'était qu'à l'élévation, ce pauvre gentilhomme s'élança, au moins mal qu'il pût, comme à corps perdu, sur son lit, les mains jointes, et, en ce dernier acte, rendit son esprit à Dieu, qui fut un beau miroir de l'intérieur de son âme. »

La Boëtie à trente-huit ans, Montaigne à cinquante-huit, affirmaient, près de la tombe, le Dieu de leur berceau, et certainement le chrétien mourant ne nuisait pas au grand homme.

Mais la politique ? Ah ! c'est ici que triomphait le doute de Montaigne, et qu'on était aux antipodes de La Boëtie. À peine Montaigne nomme-t-il la république de La Boëtie. Il ne parle de celle de Platon (t. I, p. 309) que pour s'en moquer, pour dire qu'elle est chimérique, que c'est une utopie, et qu'il lui préfère la vie sauvage, la vie des Indiens de l'Amérique, chez « lesquels, dit-il avec une exagération bizarre, les paroles mêmes de mensonge, de trahison, de dissimulation, d'avarice, d'envie, de destruction, de pardon, étaient inconnues. »

« La *coutume est la reine du monde*, ajoute-t-il (l. I, chap. xxii, p. 145) ; les peuples, nourris à la liberté et à se commander eux-mêmes, estiment tout autre gouvernement monstrueux. Ceux qui sont formés à la monarchie en font de même. Ils renversent un maître et ils en replantent un nouveau… » Et ailleurs : « Les lois anciennes sont les meilleures… Il n'y a pas de régime et de train, *pourvu qu'il ait de l'âge et de la constance*, qui ne vaille mieux que le changement et le remuement… Le pis que je trouve en notre état, c'est l'instabilité, et que nos lois, non plus que nos vêtements, ne peuvent prendre une forme arrêtée… »

François Combes

Voilà ce qu'il dit (t. III, p. 87-88), et il continue par cette observation saisissante, souvent citée et qui semble écrite aussi pour d'autres peuples : « Il est bien aisé d'accuser d'imperfection un régime, car toutes choses mortelles en sont pleines ; il est bien aisé d'engendrer au peuple le mépris de ses anciennes observances : jamais homme n'entreprit cela, qui n'en vînt à bout. Mais d'y *établir un meilleur État, à la place de celui qu'on a ruiné, à ceci plusieurs se sont morfondus en pure perte*... Je n'aime pas la nouvelleté, *quelque visage qu'elle prenne*... Le meilleur gouvernement est, à chaque nation, celui sous lequel *elle s'est maintenue*. » Montaigne ne regarde qu'au maintien de l'État et à celui de la patrie, sous les nouveautés qu'on propose, et tout se tait pour lui devant cet intérêt. « Nous nous déplaisons volontiers, dit-il, de la condition présente (t. IV, p. 69) ; mais je tiens pourtant que d'aller désirant le commandement de peu, dans un État populaire, ou autre espèce de gouvernement en la monarchie, c'est vice et folie. » Tout aussitôt, il rapporte les vers du conseiller Gui Du Faur, un ennemi des Guises, et dont les quatrains étaient fameux :

« Aime l'État tel que tu le vois être.
S'il est royal, aime la royauté.
S'il est de peu, ou bien communauté,
Aime-le aussi ; car Dieu t'y a fait naître. »

Mais quelle doctrine ! quelle impassibilité ! quel sommeil dans une immutabilité éternelle ! Tous les gouvernements paraissent être de droit divin ! Fallait-il donc laisser vivre César, si on était né sous César ? La Boëtie nous a dit *non* ; il l'a dit pour César, il l'a dit pour d'autres, et avec une force d'expression qui, dans un Traité spécial sur la tyrannie et la liberté, frappe davantage. Les Huguenots ne s'y trompèrent pas, ils mirent son discours parmi les pamphlets les plus dangereux pour les reines et les rois. Montaigne au contraire, si peu affirmatif d'habitude, et nourri des mêmes déclamations classiques, répond : *Oui, il fallait laisser vivre César* ; et il contredit son ami ; il tient, je crois, à le contredire. Mais pourquoi fallait-il laisser vivre César ? Parce que, dit-il, c'est le Sénat même qui « l'avait fait dictateur ; on eût avisé à sa mort. » Il arrive si souvent que « *le salut du peuple* » n'est que le salut de quelques-uns ; et, après un mal, vient souvent un état pire. « C'est précisément, ajoute Montaigne, ce qui arriva aux tueurs de César. Ils jetèrent la chose publique à tel point, qu'ils eurent à se repentir de s'en être mêlés. Les Français, mes contemporains, savent bien qu'en dire. » (T. IV, p. 70, 71, 74.)

Ainsi La Boëtie, en ne voyant que l'absolu, prétend que Brutes et Cassius, meurtriers de César, sauvèrent la liberté ; et Montaigne, en s'appuyant de l'expérience, affirme qu'ils la perdirent. « Non, non, s'écrie-t-il, ce n'est ceci ou cela qui fait les tyrans ; ce sont les nouvelletés et mutations (autrement dit les révolutions). Ce sont elles qui donnent seules forme à l'injustice, et à la tyrannie. » Le moyen d'éviter les tyrans, c'est d'éviter les révolutions qui infailliblement les amènent : voilà sa conclusion.

Mais alors, il n'y a qu'à garder toujours le même gouvernement, à s'y enfermer, à s'y blottir comme dans l'arche sainte, et à n'y jamais toucher pas plus qu'à une vieille et auguste relique, qui s'en irait en poudre en l'effleurant du bout des doigts ? Montaigne a prévu notre objection, car il y a plus d'unité de vues ou plus d'entêtement qu'on ne pense, dans ces simples *études* comme il dit, où il nous donne tous les accidents, tous les caprices de sa pensée. Il a prévu notre objection, et nous serons contents de sa réponse : nulle part, il n'est plus énergique et plus éloquent. « Quand quelque pièce se démanche du vieil édifice, dit-il, on peut l'étayer ; on peut s'opposer à ce que l'altération et la corruption, naturelle à toutes choses, ne nous éloignent trop de nos commencements et principes. Mais d'entreprendre à refondre une si grande masse, à changer les fondements d'un si grand bâtiment, *c'est à faire à ceux qui, pour décrasser, effacent ; qui veulent amender les défauts particuliers par une confusion générale, et guérir les maladies par la mort.* » (T. IV, p. 70.)

Il y a plus, et Montaigne ne nous quitte pas de sitôt, puisque nous l'avons mis sur ce terrain des changements et remuements. Il va nous dire pourquoi on les désire, et quel bien on en attend ; c'est un passage très connu. « Allons, allons ! dit-il aux novateurs, *vous voulez emporter ce qui vous mache.* Mais ceux qui donnent le branle à un État, sont volontiers absorbés en sa ruine. Le fruit du trouble ne demeure guère à celui qui l'a ému. Vous battez et brouillez l'eau pour d'autres pêcheurs. »

Il est impossible d'avoir plus de verve, plus d'ironie, et aussi de

François Combes

mieux dire. Cet édile bordelais qui s'était brûlé les doigts, en touchant une fois à la politique, et qui depuis se contentait d'aimer le gouvernement légal dans la studieuse neutralité d'une douce retraite, cet homme d'humeur tranquille et expectante, ayant l'oreille aux petits vents qui viennent *tâter et bruire* à sa porte, *avant-coureurs* de la tempête, s'anime tout à coup, dès qu'il parle de la Justice dans les révolutions, et de son bandeau déchiré, et de ses pauvres balances. « Sentez donc, dit-il, sentez comment on peut tirer, comme de cire, tant de figures contraires d'une règle si droite et si ferme. *Les uns prennent la justice à gauche, les autres la prennent à droite ; ceux-ci en disent le noir, ceux-là en disent le blanc.* Tous l'emploient pareillement à leurs violentes entreprises et ambitions ; tellement qu'elle ne se tient plus et qu'elle ne va ni de pied ni d'aile. » (T. II, p. 260.)

« À force d'hésitation et de faiblesse on se laisse entraîner dans la haute mer, *in altum provehitur imprudens navigator*, et l'on ne peut plus s'arrêter. »

« Les petits vents, précurseurs des tempêtes, voilà ce qu'il faut surveiller. »

« Comme ces premiers souffles, lorsque, empêtrés dans les forêts, ils frémissent, et roulent des murmures sourds, *rauca volutant murmura*, annonçant aux nautoniers les vents futurs, ainsi les grands troubles s'annoncent par de petits bruits qui nous doivent tenir en garde. »

C'est Virgile qu'il cite dans cette réflexion dernière, Virgile que traduisait sa fille d'alliance, Mlle de Gournay, sans être pour cela désagréable ni pédante ; et aussitôt, s'associant peut-être à une idée de l'amiral Coligny, qui avait proposé de faire du Canada la république des Huguenots : « *Un régime nouveau*, dit-il en nous envoyant un peu loin, *serait de mise en un nouveau monde.* Mais en un monde déjà fait et formé à de certaines coutumes, nous ne l'engendrons pas comme Pyrrha ou Cadmus ; nous ne pouvons guères le tordre de son pli accoutumé, que nous ne rompions tout. » (T. IV, p. 68.)

Certes je ne fais pas de thèse, et un peuple doit se rapprocher le plus qu'il peut de la forme républicaine. Mais voilà les idées politiques de Montaigne ; voilà son expérience qu'il oppose à l'imagination, et sa sagesse qu'il croit meilleure que la raison. La coutume façonne l'esprit, comme elle façonne le corps, et rien de plus ardu, selon lui, que de changer les habitudes.

« Quand je vois, dit Montaigne (t. I, p. 314 ; t. III, p. 88), la difficulté des changements d'État et le danger du croulement général ; quand je vois, dans nos guerres civiles, qu'on ne peut sortir de peur d'être pris, qu'on se dévore entre adversaires et voisins, qu'on se *rôtit* et qu'on se *mange après trépas*, ou qu'on jette ses adversaires aux chiens et aux pourceaux, si je pouvais planter une *cheville à notre roue et l'arrêter*, je le ferais de bon cœur. »

Il ne faut pas croire pourtant qu'avec de telles idées, Montaigne se fasse illusion sur les rois, et qu'il adore les maîtres du monde. Il a trop vu, il a trop vécu, il a passé l'âge où l'on adore. Il ne s'engoue ni des peuples ni des rois ; c'est un esprit rassis et tempéré. Il n'aime pas les formes extrêmes, la royauté pure pas plus que la démocratie, et il faut le prendre comme il est. Aujourd'hui même on ne parlerait peut-être pas des princes avec aussi peu de respect (t. I, p. 120) : « De même, dit-il, que les joueurs de comédie que vous voyez sur les tréteaux faire une mine de duc et d'empereur, et, tantôt après, les voilà devenus valets et crocheteurs misérables, qui est leur native et originale condition, de même l'empereur, duquel la pompe veut éblouir en public, voyez-le derrière le rideau : ce n'est rien qu'un homme commun, et, à l'aventure, plus vil que le dernier de ses sujets, ayant mêmes infirmités et mêmes passions. Quand la vieillesse lui sera sur les épaules et que la crainte de mourir le transira, les archers de sa garde l'en déchargeront-ils ? » C'est le vers de Malherbe, d'un contemporain de Montaigne :

Et la garde, qui veille aux barrières du Louvre,
N'en défend pas nos rois.

Montaigne affirmera aussi que les rois sont faits pour le *service du peuple*, comme le diront plus tard Fénelon et Massillon ; qu'ils ne *possèdent rien en propre*, et qu'ils *doivent tolérer la liberté des peuples*.

Montaigne nous apprendra également que le continuel ouvrage de la vie, c'est de *bâtir la mort*, la expression sublime et toute socratique des devoirs de l'homme et de sa destinée, leçon de patience aussi qu'il veut nous donner. Montaigne prêche la patience, il la

François Combes

prêche sur tous les tons, et il la conseille à la démocratie, parce qu'elle y est plus rare. Il dira au peuple (t. I, p. 108) : « Eh bien, oui, la première pièce de l'équité, c'est l'égalité. » Mais il est gentilhomme ; il passe sur les inégalités *apparentes*, croit-il, contre lesquelles on crie tant, inégalités de classe, de costume, de condition, de situation, et il faut l'entendre (t. I, p. 322) : « L'inégalité entre les rois et le peuple, entre les petits et les grands, c'est que les grands et les rois doivent marcher les premiers au combat. »

Si l'on veut être en république, Montaigne n'y contredira pas non plus ; il vous dira même : « Restez-y, si c'est dans vos goûts. » Montaigne est l'homme du passé, l'homme du jour et de la veille. Il veut que la veille règle le lendemain, qu'elle survive toujours dans les phases nouvelles, que le fil ne se perde pas, que l'unité demeure dans la variété. Sa politique hait la brusquerie ; elle répare et ne démolit pas, elle aime le progrès dans la perpétuité. C'est la politique de la tradition et de l'habitude. L'habitude semble être tout pour lui, la foi, la durée, la vertu presque. Mais, s'il nous accorde la république, par cela seul que nous y sommes nés, pas plus que La Boëtie il n'y veut *le grossier populaire* ; il veut être en bonne compagnie. Il conviendra que les *gouvernements populaires*, c'est-à-dire démocratiques, et n'excluant de l'État que les malhonnêtes et les *pervers*, sont les plus naturels ; mais il n'y veut aussi que l'élite de la nation. Il trouve que les démocraties se *manient* trop *par les oreilles*, c'est-à-dire par les discours (t. II, p. 50) et il compare l'éloquence tribunitienne à un outil, inventé pour manier et agiter une *tourbe* et une *commune déréglée*, qui ne s'emploie qu'aux États malades, comme la médecine, et la monarchie l'emploie moins... « Dans les États au contraire, où le vulgaire, où les ignorants, où tous ont tout peu, comme celui d'Athènes, de Rhodes et de Rome, et où les choses ont été en perpétuelle tempête, là ont *afflué* les *orateurs*... ; et peu de personnages en ces républiques qui ne se soient poussés par l'éloquence. Aristote disait que c'était l'*art de persuader le peuple* ; Platon et Socrate, que c'était l'*art de tromper* et de *flatter*, l'art d'enfler les choses pour émouvoir, l'art d'un cordonnier qui sait faire de *grands souliers* à un petit pied. »

« Moi je suis comme eux, » dit Montaigne ; et il rapporte les paroles de l'orateur Thucydide, qui disait de son rival Périclès ; « Quand je l'ai combattu, quand je l'ai terrassé à la lutte, il persuade

à ceux qui l'ont vu tomber, qu'il n'est pas tombé, et il les gagne. »
Il les gagne, et Thucydide l'admire ; mais Montaigne ne pardonne
pas cela à Périclès, malgré sa naissance, malgré ses lumières et sa
haute position : il déteste Périclès, sa souplesse, ses artifices, son
éloquence trop déliée. « C'est un Protée, dit-il, et à tels orateurs on
eût donné le fouet à Sparte. » Le fouet, à Périclès !

Il ne faut pas croire que les divisions de la France, l'acharnement
des partis, la ruine de l'État, sans cesse conjurée au XVIe siècle et
sans cesse imminente, aient influé beaucoup sur ses idées. Nul
n'échappe, cela est vrai, à l'influence de son temps, et bien à plaindre
celui à qui les abus du despotisme ou les malheurs de l'État ne
donnent pas à réfléchir. Mais sa philosophie politique ne venait
pas de là, elle était plus indépendante. Il était moins découragé
qu'on ne pense, à l'aspect de nos maux. C'était un esprit ferme et
clairvoyant. Il croyait à la perpétuité de la France et à son immuable
génie. Au milieu de la guerre civile et des invasions, au milieu de
la Commune des Seize, de l'usurpation qui faisait du chemin, du
droit légitime qui n'avançait guère, au milieu de toutes les idées
qui se donnaient carrière dans l'anarchie, « Non, non, s'écrie-t-il,
la France ne périra pas. Rien ne tombe ou tout tombe. La maladie
universelle est la santé particulière. »

Sur Paris, même confiance, malgré cette Bastille où il avait été enfermé. Le plus bel éloge de Paris est dans Montaigne (t. IV, p. 95),
et il faut l'entendre, pour nous en bien souvenir. « Je ne me mutine
jamais tant contre la France, dit-il, que je ne regarde Paris de bon
œil. Cette ville a mon cœur, dès mon enfance, et m'en est advenu
comme des choses excellentes. Plus j'ai vu, depuis, d'autres villes
belles, plus la beauté de celle-ci peut et gagne sur mon affection.
Je l'aime par elle-même, et plus en son être seul que rechargée de
pompe étrangère. Je l'aime tendrement, jusques à ses verrues et à
ses taches. Je ne suis Français que par cette grande cité, grande en
peuples, grande en félicité de son assiette, mais surtout grande et
incomparable en variété et diversité de commodités, la gloire de
la France et l'un des plus nobles ornements du monde. Dieu en
chasse loin nos divisions ! Entière et unie, je la trouve défendue de
toute autre violence. Je l'avise que, de tous les partis, le pire sera celui qui la mettra en discorde, et ne crains pour elle, qu'elle-même ;
et crains pour elle, autant certes que pour autre pièce de cet État. »

François Combes

Ainsi parle Montaigne, quand Paris lui vient à l'esprit, et nous resterons nous-mêmes sous l'impression de cette admiration affectueuse que rien ne put lui ravir, et qu'il nous donne à partager.

ISBN : 978-1535266529

www.ingramcontent.com/pod-product-compliance
Lightning Source LLC
Chambersburg PA
CBHW060341290526
45793CB00003B/686